Vanessa Palomino em

Você não soube me amar

Vanessa Palomino em

Você não soube me amar

Para encontrar um novo amor, primeiro,
é preciso encontrar o perdão.

Uma publicação
Barbara Brasil

Revisão: Marcelo Cezar

Projeto gráfico e diagramação: Meco Garrido

Foto capa: Essentials/Istock

Edição 2020
8000 exemplares

ISBN 978-85-54999-06-3

Índices para catálogo sistemático:
1. Literatura brasileira. 2. Espiritualismo. 3. Autoajuda

BARBARA BRASIL EDITORA
Av. Dr. Altino Arantes, 742 - 33
Vila Clementino - São Paulo - SP
CEP: 04042-003
Tel.: (11) 3209 9050
Cel. (11) 9 5555 0169

E-mail:editorabarbara@gmail.com
www.barbaraeditora.com.br

Todos os direitos reservados. Proibida a reprodução total ou parcial desta obra, por qualquer forma ou meio, seja ele mecânico ou eletrônico, fotocópias, gravação etc., tampouco apropriada ou estocada em sistema de bancos de dados, sem permissão expressa do editor (lei n° 5.988, de 14/12/73).

Tudo o que sofremos
é por amor ou pela falta dele.
Tudo o que conquistamos
é por amor ou pela falta dele.
E o que nos tornamos
foi por amor ou pela falta dele.

MECO GARRIDO

Esse livro é dedicado
à minha prima querida Mallú Parra,
que muito faz por mim, por todos e
pelos animais. Gratidão eterna!

Capítulo 1

Depois de mais um dia de trabalho exaustivo na prefeitura da cidade em que morava, Vanessa Palomino voltou para casa, ansiosa para tomar um banho, lavar os cabelos, tornar-se novamente uma mulher perfumada e renovada. Deveria ter ido à academia fazer um pouco de ginástica, pelo menos pelo tempo suficiente que lhe permitisse comer doces e pastel de feira sem culpa. Todavia, ela preferiu o conforto do lar, uma jantinha calórica e seu espaço predileto no sofá da sala para assistir a sua novela favorita.

Sempre fora viciada em telenovelas, impossível não ser, tendo nascido no Brasil, o país das telenovelas marcantes de Janete Clair, Cassiano Gabus Mendes, Ivani Ribeiro e tantos outros.

Para Vanessa, um dia sem assistir a uma novelinha, era o mesmo que passar um dia sem tomar banho.

Um domingo sem assistir ao Fantástico, era o mesmo que deixar de ir à missa que, por sinal, há tempos frequentava só de corpo presente, pois sua mente vagava longe, sempre longe, entre um desejo e outro não realizado.

Para Vanessa, chegar solteira aos trinta anos era uma derrota tamanha. Mentiria se dissesse que não sentia inveja das amigas que conseguiram se casar. Sentia sim, inveja e frustração. Algo que a deixou carente de terapia e necessitada de um antidepressivo, vez ou outra.

Quando se apaixonou pelo terapeuta, mais por carência do que propriamente por amor, a terapia teve de ser interrompida. Na verdade, ela mais frequentava por paixão do que propriamente por ajuda psicológica.

Vanessa Palomino era o que todos poderiam chamar de um mulherão. Um metro e oitenta de altura, cabelos longos, rosto bonito, nariz delicado, boca sensual; olhos num tom castanho atraente, seios fartos, quadril elegante, corpo bem-feito. Ela sempre fora muito atraente, no entanto, seus quatro namoros deram em nada. Simplesmente, deixaram-na a ver navios.

Ela não era chata, tampouco grudenta para explicar porque seus namoros tiveram o mesmo fim. Pelo contrário, era simpática, amorosa e fiel. A nora que toda sogra sonha ter para seu filho amado. Mesmo assim...

Só agora Vanessa percebia que sua vida era igual à de uma novela. Quatro namorados, sem nenhuma vitória, no final.

O primeiro se chamava Ricardo de Freitas Rodrigues. Conheceram-se na escola. Era bonito, muitas garotas o desejavam, mas foi Vanessa quem o conquistou com sua delicadeza e beleza, no auge da adolescência. Por ter sido seu primeiro namorado, Vanessa se apaixonou perdidamente por ele. Entregou-se de corpo e alma àquela relação que acabou quando Ricardo mudou-se de cidade para cursar uma faculdade. Ela sofreu por meses, pensou que jamais se recuperaria até conhecer Henrique Pasquale que lhe pediu um namoro e, com isso, salvou-a do caos emocional, dando-lhe uma nova perspectiva de vida.

Vanessa namorou Henrique Pasquale, seu segundo namorado, por três anos, isto é, dos 19 aos 21. Foi um namoro tão cúmplice que Vanessa tinha certeza de que ambos se casariam e seriam felizes para o resto da vida. Enganou-se redondamente. Subitamente, Henrique pediu um tempo para ela, afirmando que era ainda muito jovem para firmar compromisso, queria aproveitar a vida, entretanto, já estava com outra um mês depois do término de namoro. Vanessa novamente se sentiu péssima, por pouco não caiu em profunda depressão.

Foi então que Otávio Mohamed, chamado pelos mais íntimos de Otavinho, apareceu em sua vida. Um rapaz calmo e simpático, nada esnobe, apesar de seu pai ser um grande fazendeiro da região. Por meio dele Vanessa conheceu um pouco dos costumes dos mulçumanos e logo achou que Otavinho era realmente o cara certo para ela se casar, terem filhos e serem felizes para sempre. Todavia, o rapaz não soube se segurar quando Thaís Albuquerque deu em cima dele, roubando-o descaradamente de Vanessa, sua melhor amiga na ocasião. Vanessa novamente se sentiu arrasada e traída, jamais pensou que Thaís fosse capaz de uma baixeza dessas. Tampouco, Otavinho. Mas foram, sem dó nem piedade.

O quarto e último namorado chamava-se Leonardo Santana que, depois de entrar para a música e formar uma dupla sertaneja, adotou o nome de Leonardo Veloso. Um bonitão que se vestia no melhor estilo cowboy (country), sempre usando chapéu estilo boiadeiro, camisa aberta na altura do tórax, calça jeans justa, cinto com fivelão dourado e botinas de couro. Era desejado por muitas garotas, mas foi Vanessa quem o conquistou, o que a deixou muito orgulhosa de si. Ambos se davam bem, ela, sempre que podia, acompanhava-o nas suas apresentações em barzinhos da região, o que era sempre um gostoso passatempo.

Planejavam se casar em breve, assim pensou e desejou Vanessa até que a dupla sertaneja da qual Leonardo Santana fazia parte foi contratada por um produtor de renome e ele teve de romper o namoro para dar total atenção à sua carreira artística. Mais uma vez, Vanessa se sentiu péssima, apunhalada pelo destino, que parecia querer fazer dela gato e sapato.

Ao todo, foram quatro namorados, todos muito bonitos e diferentes um do outro, tanto na personalidade quanto no físico.

No entanto, os quatro terminaram o namoro com Vanessa, deixando-a totalmente frustrada e descrente no amor.

Quantas e quantas vezes ela não se perguntou se era chata, inconveniente e até malcheirosa? Feia não era. Nem de rosto, tampouco de corpo. Então, qual era o problema? Um carma adquirido em vidas passadas? Falta de sorte? Tramas do destino? Ah, como ela gostaria de obter a resposta, pois o tempo estava correndo e logo ela completaria sua trigésima terceira primavera (estando solteira, encalhada, feito curva de rio onde só para porcaria), depois, viria a trigésima oitava e, num piscar de olhos, a quadragésima naquela triste condição.

Só de imaginar, sentiu seu corpo tremer como se estivesse sendo chacoalhada por um terremoto mexicano.

Ao ajeitar sua bolsa, Vanessa encontrou o cartão da cartomante que prometia abrir seus caminhos no amor. Havia também o cartão de um tarólogo e o telefone de uma mãe de santo muito boa.

Quantas e quantas simpatias ela já não havia feito para reorganizar sua vida afetiva, dar uma nova guinada, um rumo mais decente e satisfatório? Inúmeras vezes, nos últimos três anos.

Tentara arranjar um sapo para amarrar na boca do bichinho o nome de um propenso futuro namorado, como uma conselheira amorosa havia lhe sugerido. Mas ao tentar apanhar um sapo em dia de chuva na chácara de um tio, Vanessa escorregou e foi com tudo ao chão enlameado, sujando-se toda. Diante da situação, um empregado do lugar foi lhe ajudar e quando descobriu o que ela pretendia, perguntou-lhe, cismado, com seu sotaque caipirez:

"Mas a moça *qué* um sapo, pra quê, *afinar?*"

Vanessa muito sem graça respondeu:

"É para um trabalho de escola."

"Mas a moça ainda tá na escola? Grande do jeito que é?!"

Vanessa assentiu, corando feito um pimentão. Que vergonha.

Por fim, o sujeito prontificou-se em ajudá-la, apanhou e colocou o sapo numa pequena caixa de papelão e a entregou a Vanessa, que o agradeceu imensamente. Ao voltar para sua casa, o desespero foi total, pois ela tinha nojo de tocar no sapo e, para tirá-lo da caixa, mesmo usando luvas de borracha, ela não conseguiu segurá-lo, tamanha repulsa que sentia. Assim sendo, virou a caixa até que o sapo rolasse para cima da mesa. Só então ela compreendeu que não seria capaz de costurar nada na boca do coitado, não só por pena, mas também por nojo de tocá-lo. Restava agora se livrar do bendito e isso também foi um sufoco. Teve de chamar um vizinho, um senhorzinho, afirmando que um sapo havia aparecido em sua casa e precisava se livrar dele. Ufa!

A próxima simpatia que Vanessa aprendeu para atrair um namorado ou fazê-lo se casar com ela, era coar café numa cueca usada pelo pretendente. Era também nojento, percebeu Vanessa de imediato, em todo caso, faria a simpatia se pelo menos aparecesse um sujeito interessado nela.

Vanessa também se dedicou a todas superstições e simpatias em torno de Santo Antônio. Colocou o santo de ponta cabeça, embaixo da cama, dentro de um copo com água; enfiou uma faca novinha no pé de bananeira na véspera do dia que se homenageia o santo e, mesmo assim, nada de aparecer um sujeito interessado em namorá-la.

Até num terreiro Vanessa foi, mas quando o pai de santo incorporou uma Pomba Gira, Vanessa ficou tão assustada que saiu do local correndo sem mesmo olhar para trás. Entrou no carro e pisou fundo no acelerador.

Ela também fez promessas, deixou de comer chocolate por um ano na intenção de conseguir um novo namorado. Também suspendeu a pizza e a lasanha que tanto gostava, por mais um ano, pelo mesmo propósito e, mesmo assim, nenhum sujeito apareceu para namorá-la. O dó!

Naquele dia, Vanessa demorou um pouquinho mais no banho. Precisava relaxar e assim fez. Depois de se vestir, impecável como sempre, ela preparou seu jantar e foi para a sala com o prato, assistir TV, enquanto saboreava a comida.

Melhor jantar na companhia do William Bonner do que com as paredes solitárias da cozinha. Melhor acreditar que ele só tinha olhos para ela, enquanto relatava as notícias do dia, do que os olhos do pinguim em cima da geladeira.

Vanessa novamente se lembrou da urgência que tinha de encontrar um novo amor. Se aos vinte anos já era preocupante para uma mulher permanecer solteira, aos trinta, então, era síndrome do pânico. Nem os Florais de Bach conseguiriam dar um jeito na situação por muito mais tempo.

Ouvir o William Bonner dizer "boa noite", olhando diretamente para a câmera, como se olhasse diretamente para Vanessa, era a coisa mais sedutora que um homem já lhe fizera nos últimos tempos. E ela retribuía sua gentileza dizendo: "Boa noite, meu querido. Durma bem".

Nesse momento, um sorriso bonito iluminava sua face, a ansiedade lhe dava uma trégua, o mundo parecia novamente sorrir para Vanessa.

A novela iria começar. Olhos e ouvidos atentos, mais um capítulo do mesmo que já havia sido contado em novelas passadas, com atores e atrizes diferentes, com cenários e sonoplastias modernas. Mesmo assim, era eletrizante.

Mesmo sabendo que a mocinha da novela iria terminar com o mocinho no final, Vanessa e a maioria dos telespectadores não desistiam de acompanhar a saga do casal por seis, sete meses de teledramaturgia, de segunda a sábado.

O enredo era sempre o mesmo: os protagonistas se conheciam nos primeiros capítulos, depois se separavam por motivos diversos, muitos deles, influenciados pela vilã da história, até que se reencontravam no decorrer da trama, reatavam

11

o romance, amavam-se novamente e brigavam até cessarem de vez os conflitos, para ficarem juntos no final da novela.

Por que será que todo casal principal da trama tinha de sofrer um bocado ao longo da história, para triunfar somente no último capítulo? Na novela, isso até parecia ser interessante, na vida real, nenhum pouco.

Até os capítulos eram semelhantes. Na primeira parte, a mocinha estapeava a vilã e voltava para os braços do seu amado. Na segunda parte, eles faziam amor. Na terceira, brigavam. Na quarta, ele voltava para a amante e, na quinta, haviam-se passado seis meses. As novelas eram mesmo sensacionais. Muita ação em pouco tempo.

A novela finalmente começou. Toda atenção voltada para a telinha. Essa, em questão, contava a história de uma jovem que fora humilhada e maltratada por uma família e, depois de comer o pão que o diabo amassou, decidiu se vingar de todos que, de certo modo, tinham destruído sua vida. Uma espécie de *O Conde de Monte Cristo* de saias.

O telespectador torcia pela heroína da trama, por ter acompanhado seu sofrimento, desde o começo. Não havia quem não desejasse vingança contra todos aqueles que maltrataram a mocinha. Vanessa torcia pela protagonista, como se a vida dela fosse real, como se ela própria estivesse na sua pele.

"É isso mesmo!", vibrava Vanessa diante de cada vingança realizada pela personagem.

No dia em que a mocinha se vingou do namorado que só a fazia sofrer, Vanessa foi às alturas:

"Bem feito!", praguejou, ao ver o sujeito caído na sarjeta, por causa do que a heroína da trama armara para ele.

A protagonista não acreditava em justiça divina, tampouco na ideia do "aqui se faz aqui se paga, porque um dia tudo volta para você". Para ela, qualquer justiça tinha de ser feita pelas próprias mãos, nada de esperar que os céus percebessem os erros cometidos por uma pessoa e resolvessem cobrar dela, por sua má atitude. Por isso, ela mesma ia à desforra, vingando-se de um por um, sem dó nem piedade.

Reze, tire o rancor do seu coração, mande bons fluidos, perdoe, esses eram os conselhos de todos os mais sensatos ao redor da mocinha da novela que, no entanto, mantinha sua sede de vingança. Não sossegaria enquanto não fizesse cada um que lhe feriu, ferir-se da mesma forma, sentindo na pele a mesma dor que ela sentira. Faria justiça com as próprias mãos, seria assim até o fim. Nesse dia em questão, Vanessa se deparou com uma ideia tentadora. Ela também deveria se vingar daqueles que a feriram e a magoaram, fizeram-na de boba e iludida. Ou seja, seus quatro ex-namorados. Seria mais do que justo, afinal, não agiram corretamente com ela. Dançaram e sapatearam sobre sua carcaça, trocando-a por outra, sem dó nem piedade.

Vingança, sim!

Ah, como ela gostaria de dar o troco em cada um deles.

Mas a vida não era uma novela onde o autor tem como achar formas para um personagem se vingar, com êxito, daqueles que o prejudicaram ao longo da história. Numa novela, tudo se encaixava e se tornava propício para uma vingança, porque assim planejavam o autor e seus colaboradores, com criatividade e antecedência. Na vida real, seria preciso contar com a sorte que nem sempre estava disposta a sorrir para todos.

De qualquer modo, Vanessa Palomino continuou tentada a se vingar de cada namorado que a fizera de boba, usara-a e mais tarde a desprezara. A ideia era tentadora, porém inviável, afinal, sua vida era real, não uma telenovela global ou mexicana.

Antes de se deitar naquela noite, Vanessa Palomino decidiu ler mais um pouquinho do livro de autoajuda que comprara com o intuito de melhorar sua autoestima.

"Se você está sozinha e solitária, é porque não se ama o

suficiente. Só mesmo se amando verdadeiramente é que terá chances de encontrar o parceiro ideal, atrair finalmente um amor para sua vida", afirmava a autora do livro.

Vanessa odiava cada palavra escrita ali. Para ela, a autora ainda não fora informada que o bicho homem, em sua maioria, são galinhas inveterados, basta ver um rabo de saia que lhes dê mole, para pularem a cerca sem consideração alguma pela mulher que dizem amar.

Ela também poderia se amar, inflar como um balão de tanto amor por si mesma e, mesmo assim, os homens continuariam sendo o que são. Já dizia o ditado: homem nenhum presta. E Vanessa tinha bons motivos para acreditar nisso.

A vontade dela era encontrar a autora do livro de autoajuda e fazê-la engolir cada página. Gostaria de fazer o mesmo com os padres que insistiam em dar conselhos afetivos, sem nunca terem tido um relacionamento, pelo menos, aparente. Queria esganar um por um, especialmente os bonitos que, para ela e, tantas outras, eram vistos como desperdício, afinal, onde já se viu trocar uma mulher por uma batina? Só mesmo um tolo faria isso. Ou gay.

Vanessa procurou se acalmar, tomou novamente as gotinhas de Maracujina e procurou adormecer. E repensou na ideia de se vingar de cada ex-namorado. Ah, se a vida fosse uma novela e ela a mocinha da trama, faria isso e com muito gosto.

Capítulo 2

Na prefeitura, dois dias depois, Vanessa Palomino recebeu uma visita.

– Vanessa! – exclamou Henrique Soares que fora seu segundo namorado. – Que surpresa mais agradável.

Ele, lindo e bem vestido como sempre, foi até ela com um largo sorriso e ela, feito boba, permaneceu atrás do balcão, encantada com sua aparição repentina.

– Henrique!

– E aí, como você está?

– B-bem... E você?

– Ótimo! Melhor agora que te reencontrei. Havia me esquecido que estava trabalhando aqui.

– Pois é... Passei no concurso... – Vanessa continuava abobalhada, tanto que articulava as palavras como se sua boca tivesse sido anestesiada por um dentista prestes a tratar-lhe um canal.

– Vanessa, você continua bonita, sabia?

– Obrigada.

E consigo mesma ela comentou: Não tanto, né, meu querido, afinal, você me trocou por outra.

– Como é trabalhar aqui? – perguntou ele a seguir ainda olhando sedutoramente para os seus olhos.

– Nada mal. Eu gosto. Os colegas de trabalho são agradáveis, o ambiente também. Vale a pena.

– Que bom. Porque não há nada mais chato do que trabalhar num lugar chato.

15

– Verdade.

Ela, feito boba apaixonada, riu, inebriada pelo perfume dele: Polo, de Ralph Lauren. Perfeito na sua pele. Perfeito para ela. Que perfume!...

Breve pausa e ela quis saber:

– E você, continua casado? Teve filhos?

– Sim, dois. Já estão bem grandinhos.

– E continua casado? – ela repetiu.

– Sim.

E olhando para as mãos dela, em busca de alguma aliança de matrimônio ou compromisso, Henrique percebeu que Vanessa continuava solteira, por isso não lhe retribuiu a pergunta como pensara em fazer.

– Você está muito ocupada, agora? – indagou ele a seguir.

– Um pouquinho.

– Que pena. Senão poderíamos tomar um sorvete.

– Estou de dieta.

Sim, ela estava, mas só da boca para fora. Ainda ontem tomara duas bolas de sorvete Kibon com calda de marshmallow e castanhas polvilhadas por cima.

– Espero poder vê-la novamente.

– Eu também.

– Foi mesmo muito bom reencontrá-la aqui, Vanessa. Fiquei mesmo muito feliz.

Ele novamente sorriu encantadoramente para ela e, curvando-se sobre o balcão, deu-lhe um beijo afetuoso na bochecha.

– A gente se vê.

– A gente se vê – repetiu ela, massageando a bochecha feito uma adolescente boba, capaz de pagar qualquer mico pelo jovem adorado.

O sujeito já ia partindo quando Vanessa percebeu a burrada que estava cometendo. O cara que ela tanto amou, tentara ser gentil com ela e ela, mesmo carente de atenção, cortara seu barato. Só mesmo uma tola para deixar de aproveitar um momento como aquele. Isso a fez largar o que fazia e correr atrás do rapaz:

– Henrique! – chamou ela resfolegante.

Ele parou, voltou-se para ela como se fosse em câmara lenta e sorriu, um daqueles seus sorrisos de tirar o fôlego.

– Se você ainda quiser tomar o sorvete, eu dou uma pausa no trabalho.

O sorriso dele se ampliou.

Cinco minutos depois, os dois chegavam a sorveteria. Ele quis um Colegial e ela, uma Banana Split.

Entre uma colherada e outra de sorvete, Vanessa perguntou:

– Você se formou em engenharia que eu sei, não se formou?

– Me formei sim. Mas o diploma está lá em casa, atrás de uma das portas, feito um quadro de natureza morta.

– Você quer dizer que...

– De nada me valeu. Nunca exerci a profissão. Pelo menos até agora.

– Então você anda trabalhando com o quê?

– Acabei mesmo seguindo o ramo do meu pai. Sou corretor de imóveis. Trabalho na imobiliária dele. Você pode não acreditar, mas eu adoro o que faço. Jamais pensei que fosse gostar tanto. Tirei meu CRECI e...

– Estou surpresa.

– Pois é.

– E você vende bem? Ganha comissão. Como é isso?

– Ganho uma porcentagem do que vendo. Meu pai me paga um pouquinho mais por eu ser filho do dono, mas não é tanto assim, para eu me sentir um privilegiado.

Ele riu de suas próprias palavras e ela também.

– E sua mãe, como vai? – quis saber Vanessa após devorar um pedaço da banana com sorvete de creme crocante.

– Bem. Para uma mulher da idade dela, ela me surpreende. Com a aposentadoria que ganha, faz milagres. Está sempre viajando pelo Brasil ou pelo mundo. Não para, é mesmo uma mulher admirável.

– Sem dúvida. Na ocasião em que nos separamos, pensei que ela fosse interceder a meu favor, mas não, permaneceu

17

neutra, achei muito estranho da parte dela, pois parecia gostar um bocado de mim. Um dia, ela passou por mim na avenida Rui Barbosa e fingiu que não me viu. Devia estar com medo de que eu chorasse a minha decepção pelo que você me fez.

– Vanessa, a mamãe com certeza não a viu, caso contrário teria lhe cumprimentado, sim. Ela sempre te quis muito bem. Sempre gostou muito de você.

– Será mesmo, Henrique?

– Com certeza! Por que ela haveria de não lhe querer bem?

– Foi exatamente a pergunta que me fiz na ocasião. Por que dona Tereza Pasquale não me trataria bem, se fiquei praticamente cuidando dela, por três meses, depois que ela caiu e quebrou o fêmur?

– Verdade. Está aí um bom motivo para ela te querer muito bem.

– Mas naquele dia...

– Naquele dia a mamãe deveria esta com pressa, atrasada, com certeza, para algum compromisso. A mamãe foi sempre muito cordial com todos. Não há quem ela não queira bem.

Vanessa acabou concordando com ele, enquanto devorava novamente um baita pedaço da banana, dessa vez, com sorvete de doce de leite.

Então, subitamente, ela mudou o tom. Seu rosto endureceu e ela conseguiu ser muito precisa em sua pergunta:

– Henrique, o que aconteceu entre nós? Por que você não me quis mais, de uma hora para outra?

– Ora, Vanessa....

– Responda-me, por favor. Fiz algo de errado? Diga.

– Não, Vanessa, você não fez nada de errado. Eu é que, naquela ocasião, não estava preparado para continuar namorando seriamente uma garota maravilhosa como você. Queria gozar de um pouco de liberdade, sabe? Então...

– Liberdade?!

– Sim! Liberdade! Quando eu via meus amigos descompromissados podendo fazer o que quisessem, eu..

– Mas você e a Magali começaram a namorar logo em

seguida. Um mês depois cruzei com vocês na lanchonete Chapa, e vocês já estavam juntos.

– Será?...

– Foi sim. A não ser que você e ela tenham irmãos gêmeos. Além do mais, vocês se casaram em menos de um ano de namoro. Comigo, você ficou namorando por três anos e nada.

– Poxa, foi tanto tempo assim?

– Sim, senhor. E você dizia que me amava. Que queria ser meu pelo resto da vida. Que eu, inclusive, era a mulher dos seus sonhos. Perfeita. Fizemos tantos planos. Até mesmo lista de casamento e...

– Isso foi ideia sua, Vanessa.

– Pode ser. Mas é que tudo indicava que iríamos nos casar e, de repente, você me pediu um tempo. E, subitamente, empurrou todos os nossos planos para o abismo. Fiquei chocada com a sua atitude. Muito chocada.

– Tive de ser franco com você, Vanessa. Você não ia querer ter como marido um cara que, na ocasião, vivia tomado de dúvidas quanto ao futuro. Você merecia um cara mais decidido, que a amasse de verdade...

– Você dizia que me amava.

– E amava. Mas não tanto quanto você merecia. Sempre desejei para você o melhor. Somente o melhor. Ainda desejo. E por isso estou aqui.

Os olhos dela se inundaram d'água.

– É isso mesmo o que você ouviu; quero o melhor para você, Vanessa, sempre!

– Obrigada.

Breve pausa e ele comentou:

– Esse sorvete está muito bom, hein?

– Ótimo.

Ela sorriu, mesmo com a boca cheia e ele lhe deu uma piscadela maliciosa. Mais um pedaço de banana, envolto em sorvete de doce de leite e Vanessa quis saber:

– Você não tem medo de que sua esposa nos veja juntos e pense besteiras a nosso respeito?

– Não. A Magali é bem tranquila. Sabe bem que sou fiel a ela.

– Você é mesmo fiel?

– Sou sim.

– E quando me namorava? Também foi fiel?

– Sem dúvida – ele corou ligeiramente e voltou a encher a boca com o saboroso sorvete.

Na hora de acertar a conta, Henrique Pasquale fez questão de pagar a conta.

– Não precisa, Henrique.

– Faço questão. Pelos velhos tempos.

– Obrigada.

Os dois saíram caminhando pela calçada da praça, enquanto ele novamente a elogiou:

– Vanessa, você continua gata, sabia? O corpão continua enxuto. Parabéns.

Ela corou:

– Olha lá, hein? Isso está me parecendo uma cantada.

Ele riu, avermelhando-se feito pimentão. Alguns passos adiante e o sujeito convidou a ex-namorada para se sentarem um pouco no banquinho da praça.

– É tão aconchegante aqui.

– Verdade.

Ambos admiraram o lugar e então ele, tomado de empolgação, falou:

– Minha querida, já ia me esquecendo de lhe dizer. Tenho uma notícia ótima para te dar. Uma notícia que revolucionará a sua vida.

– Sério?! – entusiasmou-se Vanessa.

– Sim.

– O que é? Não me deixe curiosa, Henrique, por favor.

Ele persistiu no suspense só para mexer com ela. Por fim, disse:

– A casa onde você mora atualmente. É sua, não é?

– É sim. O papai me ajudou a comprar antes de falecer.

– Já está no seu nome, não está?

– Está sim. O papai achou melhor já passá-la diretamente para mim, para evitar gastos futuros com inventário e coisas do gênero.

– Perfeito! – ele sorriu lindamente para ela.

– Diga-me, Henrique. Que notícia maravilhosa é essa que você tem para me dar?

Novamente, após certo suspense ele falou:

– Tenho um comprador para a sua casa, Vanessa. Um comprador que está disposto a pagar bem mais do que ela vale, se você aceitar vendê-la.

Vanessa se surpreendeu:

– Por que ele haveria de querer pagar bem mais do que ela vale, Henrique? Há petróleo escondido no subsolo, por acaso? – ela riu, ele também.

– Não, minha querida. Meu cliente é de uma construtora e ali pretende construir um prédio residencial ou comercial, ainda não sabe ao certo. O ponto é muito bom.

– Ah, sim! Meus vizinhos comentaram alguma coisa a respeito. Nem dei ouvidos, pois jamais pensei em me mudar dali.

– Pois pense! Sou capaz de conseguir um ótimo preço pela sua casa, se você topar vendê-la. E vai topar, porque a oferta é tentadora. Irrecusável.

– Você acha mesmo?

– Não estaria falando a respeito, se não fosse.

– E quanto você ganha nessa parada, Henrique?

– Dez por cento do valor de venda. Nada mais do que merecido para alguém que está cuidando de toda negociação. O correto seria quinze por cento, mas como somos amigos, cobrarei apenas dez de você.

– Sem dúvida.

Breve pausa e o sujeito, sem esconder a ansiedade, quis saber:

– Então? Posso contar com você?

– Eu me mudarei para onde, Henrique?

– Deixa comigo! Vou levá-la para conhecer algumas casas que estão à venda na região. O dinheiro que vai receber pela

21

venda da sua, pagará integralmente uma nova. Acabará ficando elas por elas.

Num muxoxo, Vanessa admitiu:

– É que eu gosto tanto da minha casa...

– Eu sei. Mas diante de uma oportunidade como essa, o melhor é se desapegar, não acha? Algo assim não bate à porta de qualquer um, não. Tampouco voltará a bater novamente.

– Se você diz...

E novamente os dois trocaram um sorriso maravilhoso.

Naquela mesma noite, depois de muito refletir, Vanessa ligou para o celular de Henrique Pasquale para lhe informar que havia mesmo decidido vender a casa.

– Jura?! – alegrou-se o moço do outro lado da linha, abrindo um sorriso de ponta a ponta. – Me passe então todos os seus dados por e-mail, para que eu possa providenciar a minuta contratual para você e o representante da construtora assinarem.

– Ok. Passe-me seu e-mail que enviarei tudo.

– Perfeito.

Não demorou mais do que dez minutos para Vanessa providenciar o e-mail como Henrique tanto desejava. Naquela noite, tanto ele quanto Vanessa, dormiram mais felizes com os novos rumos de suas vidas.

Capítulo 3

Depois de Vanessa assinar a minuta contratual, onde estipulava o valor de venda do imóvel, data de pagamento e demais detalhes de praxe, foi marcado, na própria imobiliária Pasquale, o dia para assinarem a escritura de compra e venda. O imóvel seria pago por cheque administrativo, entregue no ato pela construtora.

A chegada de Vanessa à imobiliária paralisou os olhares de todos. Ela estava lindíssima, com o cabelo todo arrumado, o vestido justo num tom rosado que lhe caía muito bem. O batom era tão vermelho quanto a sandália de salto alto que usava e realçava seus pés. As unhas estavam pintadas num bordô atraente que lindamente contrastava com sua pele rosada, levemente bronzeada pelo esplendoroso sol dos trópicos.

– Vanessa! – os olhos de Henrique brilharam ao vê-la, concentrando todos os olhares na sua direção.

Ela rapidamente o beijou na face deixando sua marca de batom.

– Por aqui, por favor – disse ele gentilmente para ela.

Logo, Vanessa encontrou alguns dos vizinhos que haviam acabado de vender seus imóveis para a construtora. Seguiam felizes, por levarem consigo, o cheque administrativo pela venda.

– Todas as casas já foram compradas – explicou Henrique orgulhosamente –, mas nenhuma foi tão bem avaliada quanto a sua.

– Que maravilha!

– Sim, ótimo!

Os dois sentaram-se à mesa redonda sob os olhos atentos do cartorário e dos representantes da construtora. Os homens estavam literalmente babando diante da estonteante Vanessa Guimarães Palomino, especialmente por conta do seu decote provocante e sensual.

– Uma água ou um café? – perguntou Henrique querendo ser gentil.

– Água, obrigada – respondeu Vanessa delicadamente.

Depois de servi-la e dos presentes trocarem algumas palavras, o documento foi devidamente lido pelo cartorário.

Vanessa ouviu tudo com atenção e sorrindo, declarou:

– Está perfeito.

– Ótimo! – alegrou-se Henrique. – Agora é só assinar aqui e rubricar as demais páginas. O mesmo procedimento deve ser feito em todas as vias.

– Perfeito.

Vanessa pegou a caneta e, quando ia assinar, deteve-se.

– Algum problema? – questionou Henrique olhando bem para ela.

O cenho da moça se fechou.

– Vanessa, você está bem?

De repente, ela começou arquejar como se estivesse sentindo profunda falta de ar. Os homens ali presentes, rapidamente, começaram a abaná-la.

– É melhor chamar uma ambulância – sugeriu um deles.

– Eu mesmo a levo para o pronto-socorro – prontificou-se Henrique no mesmo instante. – O Hospital Santa Marcelina fica aqui do lado.

Com ajuda dos demais, eles conduziram Vanessa para o carro de Henrique que disparou rumo ao hospital.

– Eu nunca me senti assim antes – desabafou Vanessa, respirando entrecortadamente. – Não sei o que me deu. Estou me sentindo gelada.

Assim que chegaram ao pronto-socorro, Henrique a acompanhou até a recepção. Por sorte, Vanessa foi atendida sem demora. O médico não soube identificar exatamente que tipo de mal-estar ela teve, mas certamente fora provocado pela ansiedade.

Depois de ficar em observação, Henrique a levou para casa, e pediu a um de seus funcionários que levasse o carro de Vanessa para lá, o qual ficara estacionado em frente à imobiliária. Naquele estado, ela não teria condições de dirigir.

Com esse imprevisto, a assinatura do contrato de compra e venda foi remarcada para o início da semana seguinte.

Foi mais um dia de comoção na imobiliária ao verem Vanessa Guimarães Palomino, chegando linda e maravilhosa. Trajava um vestido lilás que acentuava lindamente suas curvas, sapatos num tom azul que contrastavam lindamente com o vestido e sua monumental figura. A moça estava novamente impecável e verdadeiramente estonteante. Todos os homens suspiraram por ela, exceto o Robertinho da administração, que não curtia mulher.

Henrique, ansioso para dar fim àquilo o quanto antes, foi direto ao ponto.

– É só assinar aqui...

Vanessa o interrompeu amavelmente:

– Eu gostaria de uma água, Henrique. Hoje você se esqueceu de me oferecer.

O moço corou.

– Ah, sim, certamente. Que distração a minha.

Depois de atender ao pedido da ex-namorada, Henrique repetiu seu gesto. Pôs novamente os papéis em frente da moça e pediu:

– É só assinar aqui, Vanessa.

Ela novamente o interrompeu:

– Mas o escriturário não vai ler a escritura?

– Mas ele já leu na semana passada.

– Mesmo assim, Henrique. Meu pai sempre me ensinou a assinar um documento somente depois de o ler.

E voltando-se para o escriturário, ela completou:

– Se o senhor estiver com preguiça de ler tudo novamente, eu mesma leio.

25

O homem, todo garboso, respondeu rapidamente:

– Que nada, minha senhora.

– Senhorita.

– Ah, sim, desculpe-me. Lerei tudo com muito prazer. E assim ele fez. Henrique já não aguentava mais ter de ouvir aquilo.

Vanessa ouviu tudo com atenção e ao término, o próprio orador comentou:

– Para mim está perfeito.

– Ótimo! – alegrou-se Henrique. – Agora é só assinar aqui e rubricar as demais páginas. O mesmo procedimento deve ser feito em todas as vias.

Vanessa pegou a caneta e quando ia assinar, parou, coçou delicadamente atrás da orelha e murmurou um discreto "Hummm".

– Algum problema? – estranhou Henrique sua reação.

Ela demorou um pouquinho para responder:

– Há, sim, Henrique.

– O que é, Vanessa? Alguma digitação errada?

– Sim, o valor do imóvel.

Ele rapidamente tomou o papel das mãos dela e conferiu o preço:

– Quinhentos mil reais, está certíssimo.

– É – concordou ela polida como sempre –, mas eu não acho que esse seja o valor justo pela casa.

Ele rapidamente explicou:

– A casa realmente não vale quinhentos mil reais, Vanessa. Mas a construtora está disposta a pagar essa quantia a você, o que é uma maravilha.

– Você não me entendeu, Henrique.

– O quê?

– Eu não estava dizendo que o valor está acima do que realmente vale a casa e sim, que está bem abaixo.

– C-como?!

– É isso mesmo o que você ouviu.

– Vanessa, eu posso lhe garantir que você está recebendo,

26

pelo menos, cem mil a mais do que deveria.

– Pois não estou contente com esse valor.

– Mas...

– Quero pelo menos seiscentos mil...

– Seiscentos mil na casa?! Bem, podemos negociar.

Vanessa riu:

– Não, meu querido. Você novamente não me entendeu. Quero seiscentos mil reais a mais do que esse valor. A mais, Henrique. Compreendeu agora?

– Você endoidou, Vanessa?!

Ela rapidamente afastou a cadeira, apanhou a bolsa e disse:

– Se vocês quiserem comprar minha casa pelo preço que estou cobrando, ótimo, senão, por mim, tudo bem. Eu nunca tive interesse mesmo em vender.

Henrique não sabia onde enfiar a cara diante dos presentes.

– Mas, Vanessa – falou ele a toda voz. – Você não pode mudar de ideia assim de uma hora para outra. Além do mais, você assinou uma minuta de compromisso de compra e venda.

– Assinei, e daí?!

– E daí que você precisa honrar o termo.

– Eu não.

– Precisa sim.

– Deixe-me ver esse documento.

E assim foi feito.

– Diz aqui que se eu voltar atrás na minha decisão, terei apenas de devolver o valor que recebi para segurar o negócio. Isso eu posso fazer numa boa.

– Nada disso! – retrucou Henrique furioso. – Há uma multa sobre esse valor, caso rescinda a minuta.

– Onde? – ela percorreu os olhos pelo documento e ele fez o mesmo, assim que ela lhe devolveu para dar uma olhada.

– Era para estar aqui! É de praxe essa cláusula e não está. Eu não entendo.

– De qualquer modo, eu pagaria a multa caso houvesse. O importante é que eu fique contente com a venda, não só vocês.

Henrique Pasquale estava a ponto de explodir. Vanessa não

27

estava nem aí:

– Agora eu preciso ir. Com licença.

Indignado com a reação da moça, Henrique pediu licença aos presentes e foi atrás dela.

– Vanessa! – chamou ele, procurando se controlar. – Posso conversar com você um minutinho?

Ela fez que "sim" com a cabeça e ele a conduziu até uma outra sala.

– Entendo que você queira ganhar mais pela venda da casa, Vanessa. Mas eles realmente já estão pagando um bom preço por ela.

– Isso quem diz é você, Henrique. De qualquer modo, quero um milhão e cem pela casa e não se fala mais nisso.

– É muito, Vanessa! Eles não pagarão.

– Então tá.

– Mas eles precisam do terreno da sua casa, pois ele está bem no meio das demais que já foram adquiridas pelo grupo.

– Eu sinto muito.

– Vanessa...

– Henrique. Estou sendo sincera com você. Ou eles me pagam o que eu quero ou nada.

O moço bufou.

– Okay. Vou tentar negociar com a empresa, mas não te garanto a exorbitância de seiscentos mil reais.

– É isso ou nada!

– Vanessa.

– Nem me procure para me oferecer um valor abaixo desse. Será total perda de tempo para você.

– Está bem, Vanessa. Vou tentar. Prometo!

– É assim que se fala, Henrique. É assim que se fala!

Novamente, ela deixou sua marca de batom na bochecha rosada e bonita do ex-namorado.

Naquela mesma noite, enquanto Vanessa se deleitava com William Bonner apresentando o Jornal Nacional, seu telefone fixo tocou:

– Alô.

– Vanessa?! – era Henrique Pasquale eufórico do outro lado da linha. – Você pode falar um minutinho.

– Posso sim, Henrique. Diga!

– Vanessa, você é mesmo uma mulher muito sortuda.

– Sou?

– É sim. A construtora vai pagar o valor que você pede pela casa. Eles aceitaram, minha querida. Aceitaram!

Henrique estava realmente feliz.

– Não é uma notícia maravilhosa?

– Se é, Henrique. Se é...

– Marquei com eles amanhã de manhã, por volta das dez para assinar a venda. Esse horário está bom pra você? Ótimo! Te espero na imobiliária. E Vanessa, parabéns pela conquista. Quem dera comprassem a minha casa pelo triplo do preço que ela vale. Você realmente foi muito sortuda. Boa noite.

– Boa noite, Henrique. Durma bem.

Vanessa estava realmente impressionada com a notícia. Meio minuto depois, ela se encontrava novamente aconchegada no sofá, atenta ao Jornal Nacional.

– Ah, William, William, William... – murmurou ela em meio a um sorriso brilhante. – Que pena que você já é comprometido. Se não fosse, fugiríamos para Fernando de Noronha e nadaríamos com os botos todos os dias.

Só de visualizar a cena, Vanessa suspirou. Naquela noite, ela dormiu muito mais feliz que noutras.

Mais um dia e lá estava Vanessa Palomino de volta à imobiliária Pasquale para assinar o contrato de compra e venda de sua casa.

Dessa vez, não foi preciso Vanessa pedir para que o contrato fosse devidamente relido, o próprio escriturário tomou a atitude de fazê-lo. Ao término, a cena de outrora se repetiu.

– Agora é só assinar aqui e rubricar as demais páginas – explicou Henrique, louco para dar fim naquilo o quanto antes.

– O mesmo procedimento deve ser feito em todas as vias.

Vanessa pegou a caneta e quando ia assinar, parou, coçou delicadamente atrás da orelha e murmurou um discreto "Hummm":

– Ai, meu Deus, o que foi dessa vez? – alarmou-se Henrique, avermelhando-se todo.

– Sabe, o que é – falou Vanessa encarando um por um dos presentes. – Eu não vim aqui assinar escritura nenhuma. Vim aqui somente para dizer que desisti de vender a casa. Só isso!

Henrique sentiu seu coração parar naquele instante:

– Você só pode estar brincando com a gente, não é mesmo Vanessa?

A pressão do rapaz subiu.

– Não – respondeu ela, sem perder o tom de calmaria. – Jamais faria isso. É que eu realmente mudei de ideia.

Henrique tentou não demonstrar a raiva que estremecia seu interior. Entre dentes, falou:

– Você não pode jogar um milhão e cem mil reais pela janela, Vanessa. Ninguém pagaria tal absurdo por aquela velharia.

– Quem tem que saber o que é o certo para mim sou eu mesma, não é Henrique? Portanto...

Sem mais, ela se levantou, soprou um beijo para todos e partiu. Henrique não se segurou, foi novamente atrás da moça como fizera da última vez.

– Vanessa! Você acabou de fazer eu passar a maior vergonha na frente de todos.

– Ah, é? – respondeu ela sem perder a gentileza. – Sinto muito, Henrique.

– Você não está agindo corretamente, sabia?

– Eu?!

– Você, sim. Afinal, você me deu sua palavra de que venderia a casa e agora...

Ela soltou um risinho estranho.

– O que foi? – ele quis saber.

– Ora, Henrique, você também me deu sua palavra de que se casaria comigo e mudou de ideia. Se agiu assim, por que eu também não posso mudar de ideia? Direitos iguais, meu caro!

– Então é isso? Você ainda se ressente por eu ter terminado o namoro com você.

– Será? O que você acha?

– Vanessa, todos os seus vizinhos já venderam a casa, só falta você.

– Problema deles.

– Não, você não vai estragar o negócio. Eu a conheço, você não é esse tipo de pessoa.

– Será mesmo que você me conhece, Henrique? Eu também pensava conhecê-lo muito bem, por causa dos três anos de namoro que tivemos, mas quando você terminou comigo, de uma hora para outra, percebi que eu não o conhecia em nada. Nada! Ela riu. Um riso amargurado.

– Sabe quantos potes de sorvete eu tomei para ludibriar a minha depressão, depois que você me deu um pé? Muitos! Sabe quantas barras de chocolate eu tive de comer por dia, pelo mesmo propósito? Trocentas! Uma hora era Suflair, noutra Crunch; numa hora era Chokito, noutra Prestígio. Havia dias em que eu comia a caixa inteira dos bombons sortidos da Nestlé e, para variar, os da Garoto. Sabe quantos Dan-tops eu engoli? É melhor esquecer. E tudo isso me fez correr redobradamente na esteira que eu tanto odeio, senão eu teria virado um bucho. Por pouco, você não acabou com a minha vida, Henrique. Por muito pouco.

– Tive de ser franco com você, Vanessa. Eu não a amava tanto quanto pensava.

– Volúvel você, muito volúvel.

Os dois se enfrentaram pelos olhos até ela perguntar, com a mesma delicadeza de sempre:

– Terminou?

– Não! – respondeu ele de imediato. – É lógico que não!

– Então diz. Porque eu não tenho mais todo o tempo do mundo para você, Henrique.

– Eu preciso da sua assinatura, Vanessa.

– Não vou assinar, Henrique, desista!

– Vanessa, sua casa esta no meio do terreno. Se você não vendê-la...

– O problema não é meu, Henrique.

Ele respirou fundo para não explodir. Quando ela acenou para ele, fazendo bye-bye, o rosto de Henrique Pasquale desmoronou. E agora, o que fazer?, perguntou-se, preocupado somente com o seu próprio umbigo. Por fim, ele tomou ar, ajeitou a gravata e voltou para a sala onde todos aguardavam por ele. Terminou o encontro garantindo à construtora que ele haveria de convencer Vanessa Guimarães Palomino a vender a casa. Que não se preocupassem.

Seria mesmo capaz?

Ao chegar em casa, Vanessa arrancou os sapatos e os jogou longe, como se arremessasse bolas de boliche. Logo, abriu um espumante, encheu a taça e pôs para tocar o CD com as canções mais famosas das Frenéticas.

"Abra suas asas, solte suas feras..."

Ela foi bebendo e se soltando, e logo estava se sentindo na própria Frenetic Dancing Days, a discoteca aberta num shopping do bairro da Gávea, no Rio de Janeiro, onde nasceu o grupo Frenéticas. Lugar que se tornou a febre das noites cariocas em meados dos anos setenta.

Quando deu por si, Vanessa já havia tirado o vestido e agora estava somente de calcinha e sutiã, dançando freneticamente pelos cômodos de sua casa.

Ela ria e gargalhava, só de lembrar o estado em que Henrique Pasquale ficou, depois de ela se recusar a vender a casa. Os olhos dele se abrindo em choque, os lábios roxeando, foi impagável. De algum modo, ela o fizera sentir na pele a mesma decepção e dor que ele lhe causara, ao terminar tudo com ela.

Vanessa novamente entornou o cálice, celebrando sua vitória sobre Henrique Pasquale e terminou a noite, bêbada e nua, largada sobre a cama do quarto.

Capítulo 4

Não levou mais do que dois dias para Henrique Pasquale procurar Vanessa novamente:

– Vanessa, tenho uma notícia ainda mais maravilhosa para você!

– É mesmo? – perguntou ela, fingindo desinteresse, tão logo abrira a porta.

– A construtora decidiu pagar duzentos mil a mais pela casa, ou seja: um milhão e trezentos mil reais.

– Que bom...

– Que bom?! Isso é maravilhoso! Eles estão pagando quase três vezes o valor que vale realmente a casa.

– Isso prova, Henrique, que a construtora podia pagar bem mais do que me ofereceu. Pelo preço que vendem cada apartamento, eles iam lucrar muito nas minhas costas.

Para não esticar o assunto, Henrique falou:

– O importante é que eles lhe fizeram essa proposta irrecusável, só falta agora você assinar. Aqui, por favor.

– Quem terá de pagar a comissão de venda a você, Henrique?

– De praxe, é o vendedor quem paga. Desse um milhão e trezentos, você terá de me pagar apenas dez por cento do valor.

– Dez por cento, tem certeza?

– Sim. O certo seria quinze por cento, mas como sou seu amigo, vou cobrar apenas dez.

– Amigo, é?

– Sim, Vanessa, amigo.

– Conta outra, Henrique. Sei bem que o valor da corretagem é de seis por cento, não dez, nem quinze. Fui me informar.

– Alguns cobram seis, eu estipulei dez para essa transação.

– Sei...

O corretor virou um pimentão de tão vermelho que ficou diante dos olhos desconfiados e argutos de Vanessa Palomino. Na intenção de quebrar o gelo, Henrique falou:

– Meu Deus, que sorte a sua. Um milhão e trezentos pela casa. Que fortuna, que maravilha!

Exibindo novamente o contrato de compra e venda para ela, pediu:

– Assine aqui, por favor.

Vanessa foi rápida em responder:

– Não quero.

– Como não quer?

– Não querendo, ora. Ou o valor total da venda vem parar direto nas minhas mãos ou nada feito.

– Vanessa, pelo amor de Deus.

– Não ponha Deus numa jogada dessas, Henrique. Não fica bem. Além do mais, você nunca Lhe foi muito fiel.

– Ouça-me, Vanessa.

– Ouça-me você, Henrique! Já lhe apresentei minhas condições: é pegar ou largar.

– Você não está sendo justa comigo.

– E você, Henrique, foi justo comigo no passado? Foi? E no presente, agiu corretamente comigo?

– Do que você está falando, criatura?

Ela riu, debochada.

– Eu não sou mais aquela tonta que você conheceu anos atrás, Henrique. Pessoas como você me ensinaram a ser mais esperta. Bem mais esperta!

Ele continuava sem entender.

– Não se faça de besta, Henrique. Por favor!

Ela tomou ar e prosseguiu, mirando fundo os olhos dele, assustados.

– Aquele dia na prefeitura. Você fingiu ter me encontrado

lá por acaso. Seu objetivo ali era somente o de me encontrar e tentar uma reaproximação, para que eu voltasse a ser boazinha com você e aceitasse vender a bendita casa que lhe daria uns bons trocados. Foi ou não foi, Henrique?

O sujeito perdeu a cor. Olhando desafiadoramente para ele, Vanessa prosseguiu:

– Depois me convidou para tomar um sorvete, fazendo-se de bom moço, quando, na verdade, seu propósito era amaciar meu ego para ficar boazinha e aceitar o que me propunha.

Ela riu.

– Você pensou mesmo que eu não ia perceber suas artimanhas? O que é isso, Henrique? Subestimando a minha inteligência? Você foi capaz até de pagar a Banana Split para me agradar. Isso é o que mais me chamou a atenção. Pão duro como é, seu gesto não fazia sentido. Só podia haver mesmo um interesse e logo descobri qual era.

O sujeito novamente se encolheu diante do olhar soberano e arguto de Vanessa Palomino.

Breve pausa e ela completou:

– Investiguei sua vida, Henrique, ainda me lembrava do seu CPF, RG e descobri que você está na pior, financeiramente falando.

O cara se encolheu ainda mais.

– Apostou na Bolsa, perdeu dinheiro. Andou jogando. Está literalmente com a corda no pescoço. Por isso, tem tanto interesse em vender esses terrenos, porque é sua única chance de se reerguer financeiramente. É ou não é?

O sujeito engoliu em seco.

– Tem mais, viu? Descobri que se eu não vender a casa, segundo o acordo que fez com a construtora, você não terá direito às comissões de vendas. Eles só irão acertar com você depois que todos os terrenos forem adquiridos. É uma das cláusulas, não é?

– Quem te disse isso?

– Não importa. O importante é que eu sei. É tão fácil para uma mulher bonita e gentil como eu, adquirir informações dos outros.

O sujeito novamente engoliu em seco:

— Você está sendo perversa comigo, Vanessa.

— Da mesma forma que você foi perverso comigo no passado. Mas a verdade é que eu nunca quis vender casa alguma, tudo isso foi ideia sua, somente para tirar proveito próprio.

— Mas o valor é muito bom, Vanessa. Uma oportunidade única! Você vai poder comprar outra casa e ainda terá uma boa quantia para aplicar no banco.

— Aplicações não rendem muito hoje em dia.

— Então pegue o dinheiro e viaje pelo mundo.

— Sozinha?! Se ao menos você tivesse se casado comigo, eu teria com quem ir. Não seria a melhor das companhias, não, isso não, porque você não é boa companhia para ninguém, mas...

O moço estava quase se ajoelhando aos pés dela.

— Eu preciso muito da sua ajuda, Vanessa. Eu realmente estou na pior. Por favor, eu te imploro, venda a casa.

— Não, não e não.

— Eu lhe suplico.

— Nem que beije os meus pés.

— Vanessa, pelo amor de Deus. Você quer que eu me humilhe mais do que já estou me humilhando?

— Não! Quero apenas que entenda que eu não vou vender casa alguma e me deixe em paz. Sacou?

Ele novamente desmoronou.

— Isso não se faz.

— Eu sinto muito.

— Sente nada. Você está achando pouco o que está fazendo de mim. Você me quer na sarjeta. Você me quer na pior.

— Terminou? É que a minha novela vai começar.

— Você ainda vai se arrepender amargamente do que está fazendo. Amargamente.

Ela deu de ombros e fechou a porta.

Diante dos olhares dos vizinhos, Henrique Pasquale se sentiu um completo imbecil. Voltou arrasado para casa e sem apetite para o jantar. Ao saber de tudo, sua mãe ligou para Vanessa. Ela polidamente indagou:

– Tereza, quem?

– Tereza Pasquale, meu bem – respondeu a mulher do outro lado da linha.

Cínica como nunca, Vanessa fingiu puxar pela memória:

– Não me recordo de nenhuma Tereza.

– Tereza Pasquale, querida. É logico que se lembra de mim. Mãe do Henrique.

– Ah, sim, a mulher que passou por mim na Avenida Rui Barbosa e fingiu não me ver.

– Quando? Se fiz, foi sem querer. Jamais faria isso com você, querida.

– Querida?! Agora que a senhora quer me cativar, para me convencer a vender minha casa para tirar seu filho do aperto. Comigo não, violão!

– Eu a quero tão bem, Vanessa.

– A senhora é tão falsa quanto o seu filho. Vocês dois se merecem. Passar bem.

Vanessa desligou o aparelho, antes que a mulher pudesse lhe dizer mais alguma mentira em sua defesa.

Para comemorar sua nova vitória sobre o ex-namorado, Vanessa Palomino foi se esbaldar, no fim de semana, num bailão para a terceira idade. Jamais poria os pés num, ainda era muito jovem para isso, mas abriu uma exceção, pois queria comemorar de todo jeito sua primeira e surpreendente vingança contra um ex seu.

Ao contrário da novela, em que a heroína tinha de procurar meios para se vingar dos seus opressores, a vida entregou os devidos meios de bandeja para Vanessa. Ela jamais precisou procurar, o que provava para ela, definitivamente, que tanto o ditado "Aqui se faz, aqui se paga" como "Tudo o que fazemos, de bom ou de ruim, um dia volta para nós", estavam certíssimos.

Capítulo 5

Infelizmente, a alegria de Vanessa Palomino durou pouco. No domingo, durante a missa, ela descobriu que Otavinho Mohamed, seu terceiro namorado, iria se casar em menos de um mês com Thaís Albuquerque. A tal, que fora sua melhor amiga e lhe roubara o namorado, descaradamente.

Otavinho também lhe prometera mundos e fundos e, no final, deixou-se ser fisgado por Thaís, que fora capaz de tudo para conquistá-lo.

Quando Vanessa e Otavinho começaram a namorar, Thaís estava fazendo um intercâmbio na Inglaterra, onde pretendia seduzir um inglês, rico e bonito, para se arranjar pelo resto da vida. Quando seus planos deram com os burros n'água, Thaís regressou para o Brasil, desiludida e desesperada por um homem o qual pudesse dar continuidade a seus planos. Tentou um, depois outro e quando viu que nenhum deles poderia lhe dar o que ela tanto queria, Thaís decidiu roubar Otavinho de Vanessa, pois ele, sim, era rico e bem-apessoado como ela tanto queria.

Por nenhum momento, Vanessa suspeitou das reais intenções da amiga em relação ao seu namorado. Só foi descobrir mesmo, quando Thaís apareceu grávida dele e Otavinho, por influência de sua família, muito religiosa, decidiu ficar com ela.

Só então, Vanessa percebeu o quanto havia sido boba nas mãos de sua falsa amiga. Foi um baque para ela, uma apunhalada nas costas em dose dupla. Ainda mais quando Thaís perdeu o bebê e Otavinho quis continuar ao seu lado.

Por isso, só de imaginá-los casados, Vanessa Palomino

chegava a se arrepiar de raiva, ressentimento e rancor. Por outro lado, era melhor não mais pensar a respeito, aquilo poderia lhe fazer muito mal.

Ao chegar no trabalho, na segunda-feira, Arlete Meneses, a colega de trabalho mais próxima de Vanessa, aproximou-se da amiga e perguntou baixinho ao seu ouvido:

– Você já está sabendo?

Vanessa enviesou o cenho. Arlete explicou:

– A respeito do Otavinho Mohamed e da Thaís Albuquerque? Os dois vão se casar. Ouvi na missa ontem, quando anunciaram os próximos casamentos.

– Eu também ouvi.

– Você deve ter ficado arrasada, hein?

– Foi um baque, é logico, mas...

– Os dois não agiram corretamente com você, Vanessa.

– Eu sei, mas o que está feito está feito, Arlete. Que sejam felizes, ambos se merecem.

– Você tem razão. Melhor querer o bem do que o mal das pessoas.

– Pois é.

Breve pausa e as duas se lembraram que tinham de trabalhar.

Ao voltar para casa, naquela noite, Vanessa novamente se aconchegou no sofá da sala para assistir à sua novela favorita. Era muito bom torcer pela heroína da trama, vingando-se de cada personagem que lhe fizera mal, quase destruindo por completo a sua vida ou, simplesmente, humilhando-a.

"Justiça, justiça, justiça!!!", bramiu a mocinha da novela com redobrada sede de vingança.

O brado retumbante repercutiu no interior de Vanessa, de forma assustadora.

"Justiça, justiça, justiça!!!"

Junto dele, veio a imagem de Otavinho Mohamed e Thaís Albuquerque, felizes para sempre. Foi então que Vanessa se lembrou de uma amiga em comum com Thaís e ligou para ela.

– Claudete? É a Vanessa Palomino, como vai? Bem também.

39

Soube sim do casamento dos dois. Não, minha querida, não guardo ressentimento algum de ambos. Não mesmo. Mas fiquei curiosa para saber detalhes sobre o casório. Então disse a mim mesma: a Claudete deve saber. A Claudete pode me dizer. É sempre antenada com tudo. Por isso, estou te ligando. E Claudete se pôs a falar.

– Sei, sei... – murmurava Vanessa enquanto a outra despejava em seus ouvidos as últimas em torno do enlace matrimonial de Thaís e Otavinho.

Claudete, querendo provocar Vanessa, escaneou o convite do casamento e o mandou como anexo no e-mail da amiga. Vanessa sabia que aquilo era uma provocação por parte dela, mesmo assim, não deu trela, pois dali poderia tirar algum proveito.

Era madrugada, e Vanessa já havia embalado no sono, depois de um chá forte de camomila, quando despertou, eufórica, dizendo:

– A lista! A lista de presentes!

E um sorrisinho maldoso estampou-se na sua face.

No dia seguinte, assim que chegou ao trabalho, Vanessa chamou Arlete de lado.

– Preciso da sua ajuda, Arlete.

– Minha ajuda? É pra já, minha querida. Diga. Em que posso ajudá-la?

– É para algo, digamos, ilícito. Topa?

– Se não for me levar pra cadeia... Topo!

– Não vai. Pode ficar tranquila.

Em seu ouvido, Vanessa explicou seu plano. Arlete adorou!

Ao fim do expediente do dia seguinte, ambas seguiram diretamente para a melhor loja de presentes da cidade: Cleusa Presentes. Lá, foram atendidas por uma jovem atendente muito educada e prestativa.

– Posso ajudar?

– Sim, minha querida – respondeu Vanessa refinadamente. –

Minha amiga aqui veio fazer a lista de presentes para o casamento dela no mês que vem. Você pode ajudá-la?

– É lógico! – empolgou-se a moça. – Você trouxe o convite para anexarmos à lista.

– Trouxe sim.

Vanessa entregou o convite de mentira que havia pedido para um amigo seu, dono de uma gráfica, imprimir. A atendente leu: Alerte Meneses e Tarcísio Meira.

– Alerte Meneses e Tarcísio Meira?! – repetiu a moça achando graça dos nomes.

Vanessa rapidamente explicou:

– É que os pais do casal eram muito fãs de novela. Também, no passado, o que mais poderia se fazer à noite, senão assistir a telenovelas, não é mesmo?

E Vanessa riu, forçada, e Arlete fez uma careta engraçada.

– Olha, meu bem... – prosseguiu Vanessa seriamente. – Minha amiga Arlete não quer presentes caros. Mostre-nos os mais baratos que vocês tiverem na loja. Na família dos noivos, nem todos têm condições de comprar algo aqui.

– É pra já!

E foi assim que Vanessa e Arlete escolheram os objetos que seriam considerados, por Thaís Albuquerque, os mais bregas e desnecessários da famosa loja Cleusa Presentes.

Nesse meio tempo, Vanessa encontrou a lista de presentes de Otavinho Mohamed e Thaís Albuquerque.

– Olha só, Arlete! – exclamou, fingida. – A lista de casamento dos meus queridos amigos Otávio e Thaís Albuquerque.

– Jura, Vanessa? – fingiu Arlete como uma exímia atriz.

– Sim, minha querida.

E perpassando os olhos pela lista, Arlete comentou:

– Só coisa cara. Isso é pra quem pode.

– Sim, isso é pra quem pode e não pra quem quer!

Sem que a atendente percebesse, devido à intensa atividade em mostrar para as duas os presentes que poderiam fazer parte da lista de casamento de Arlete Meneses e Tarcísio Meira, Vanessa colocou discretamente a lista do casamento da rival na bolsa.

41

Ao final, a atendente explicou que tudo aquilo seria digitalizado, depois impresso e ficaria disponível na loja para qualquer convidado checar.

– Maravilha! Que dia exatamente estará pronto? Amanhã? Ótimo! Vocês poderiam me passar também a lista por e-mail? Gostaria de guardar de recordação – explicou Vanessa.

– Mas afinal – questionou a atendente, enviesando o cenho. – É a senhora quem vai se casar ou sua amiga?

Vanessa rapidamente saiu pela tangente:

– Não quero que minha amiga se preocupe com a lista de presentes. Ela tem de focar no vestido, nas madrinhas...

Nas demais lojas da cidade, Arlete e Vanessa adotaram o mesmo esquema.

– Nem sei como tive coragem – admitiu Arlete Meneses, assim que as duas pararam numa pizzaria para saborear uma pizza suculenta. – Vanessa, nós somos duas atrizes! Duas atrizes! Ninguém desconfiou de nada.

Vanessa gargalhou.

– Arlete Meneses e Tarcísio Meira foi a coisa mais cômica em tudo isso. Onde você conseguiu esses convites?

– Pedi para um conhecido meu que tem gráfica, fazer para mim. Falei que estava trabalhando como cerimonialista e pronto.

– Você é danada.

– Não, querida, sou é justa. Mas isso é ainda muito pouco para aqueles dois.

– O que mais você pretende fazer? Vê lá, não vá se meter numa enrascada por causa disso.

– Relax, meu bem. Relax! O meu próximo passo pode dar certo, como também não. Vai depender de uma nova interpretação muito convincente da minha parte.

Ao voltar para casa, Vanessa aguardou ansiosamente as respectivas listas de presentes chegarem por e-mail. Quando veio, imprimiu tudo, mudando apenas os nomes dos noivos no topo de cada lista. Onde estava escrito Arlete Meneses e Tarcísio Meira, ela escreveu Thaís Albuquerque e Otávio Mohamed, com isso, esperava fazê-los ganhar os presentes mais insignificantes e considerados bregas por Thaís. Devido ao corre-corre, ninguém da loja perceberia que as listas foram trocadas. Uma vez impressas e deixadas sobre o balcão, ninguém nunca as verificava novamente.

No dia seguinte, acompanhada de Arlete, mais uma vez para distrair todos na loja, caso fosse preciso, Vanessa substituiu as listas de presente do casamento de Thaís Albuquerque e Otávio Mohamed por aquelas que ela e Arlete criaram. Ah, como ela gostaria de ver a cara da noiva, quando abrisse os presentes e descobrisse que não eram nada do que ela escolhera nas respectivas lojas. Seria um choque.

Certamente que alguns convidados já haviam comprado presente, mas a maioria sempre deixava para o final. Era com esses que Vanessa estava contando.

Capítulo 6

Depois de deixar em casa a amiga e cúmplice de suas armações, Vanessa pisou fundo no acelerador, para poder chegar a tempo na companhia elétrica da cidade. Recebera uma notificação dizendo que havia uma conta de luz sua em atraso, o que não era verdade, pois sempre pagava todas em dia. Assim que entrou no local, avistou um sujeito que teve a impressão de já conhecê-lo de algum lugar. Puxou pela memória. Nada lembrou. Ficou matutando até que se recordou. Feliz, exclamou:

– Adalberto! Sou eu, Vanessa Palomino. Estudamos juntos na oitava série, lembra?

– Lógico que sim, Vanessa, como vai?

– Bem. Não sabia que você trabalhava na companhia elétrica da cidade.

– Sim e já faz um bom tempo.

Ele ainda estava bem bonitão para sua idade, observou Vanessa com seus botões.

– Pela aliança no seu dedo, você é hoje um homem casado.

– Sou, sim, Vanessa. Tenho uma filha de dez anos. Carolina, um encanto de menina.

– Que bom – e erguendo as mãos, Vanessa caçoou de si mesma: – Eu, como pode ver, continuo solteira. E pelo visto, vou acabar assim.

– Não diga isso, você é uma mulher bonita. Deve ter muitos pretendentes.

– Que nada. Eles ainda preferem as novinhas. Para a maioria dos homens, uma trintona como eu, já não é mais interessante.

– Imagina! – Adalberto corou e em seguida, indagou: – Em que posso ajudá-la?

Vanessa lhe explicou o que estava havendo.

– Poxa, que chato! Erro de sistema. Vou dar baixa agora mesmo. Por isso que eu sempre digo: não se pode confiar totalmente nas máquinas. Nada substitui a humanidade.

Vanessa concordou.

– Você gosta de trabalhar aqui?

– Bem, Vanessa, é o melhor trabalho que pude conseguir até hoje. Não pagam bem, mas pelo menos consigo manter a casa e ter uma vida modesta.

– Entendo. E você só teve uma filha? Não quis ter outros?

– Bem que eu queria, mas neste país, ter mais de um filho é bem complicado.

– Você tem razão.

Nisso, a pequena Carolina apareceu ali.

– Veja só quem chegou – falou Adalberto sorrindo para a menina.

Ao voltar-se para trás, Vanessa encontrou uma garotinha de rosto simpático.

– Não vá me dizer que é sua filha?

– A própria. Estuda no período da tarde, aqui do lado. No velho e famoso Grupão. Ela vem me encontrar aqui, todos os dias, para voltarmos juntos para casa.

– Que ótimo!

– Sim. Maravilhoso.

E voltando-se para a menina, Vanessa comentou num sorriso:

– Estudei com o seu pai.

– Estudou?!

– Sim. Seu pai também já frequentou uma escola quando era menor. Eu e ele também já fomos criança um dia.

A menina sorriu e Vanessa lhe fez um elogio merecido:

– Bonita a sua presilha.

45

– É da Minnie.

– Estou vendo. Você gosta da Minnie?

– Eu gosto! Do Mickey também. Um dia eu quero ir à Disney, mas meu pai diz que isso nunca vai acontecer. Porque ele não tem dinheiro para isso.

Adalberto, envergonhado, respondeu:

– Eu realmente não tenho condições de pagar uma viagem para ela até a Disney. Sou pobre. Carolina tem de entender isso. Além do mais, teria de pagar para minha esposa acompanhá-la; sozinha, ela não iria de jeito nenhum.

– Você tem razão – concordou Vanessa com pena da menina.

– Mas hoje em dia, estão parcelando a viagem em até dez, doze vezes. Se fizer dessa forma, talvez você consiga.

– Nem assim, Vanessa. Tenho as prestações da casa para pagar.

– Um dia, quem sabe.

Vanessa voltou o olhar piedoso para a garotinha que tanto ansiava realizar seu sonho.

Sem mais, eles se despediram e Vanessa voltou para casa, ansiosa por um banho, um gostoso jantar de frente para o William Bonner e a seguir, sua novela favorita. No entanto, lembrava-se de Carolina a todo instante. Da tristeza que enxergou em seus olhos, por querer ir à Disney e não poder. Se ela ao menos pudesse ajudá-la...

Naquela noite, Vanessa foi dormir pensando nisso.

Foi no sábado de manhã que Vanessa pegou seu carro e seguiu para o subúrbio da cidade. Quando o automóvel parou em frente a humilde casa onde Adalberto Soares vivia com a esposa e a filha, vizinhos ficaram curiosos para saber quem era.

Assim que Vanessa desceu do veículo, homens que estavam no bar do outro lado da rua, proseando e jogando sinuca, pararam para admirar tão monumental figura.

– Hoje, eu ainda nem bebi e já tô vendo estrelas! – comentou um sujeito com o amigo. – Que mulherão.

– Baita mulherão, compadre. Fiu fiu!

Nem bem Vanessa se aproximou do portão da casa, um cãozinho vira-lata pulou da cadeira onde repousava e começou a latir. Isso chamou a atenção da pequena Carolina.

– Quieto, Mickey.

O cão deu um rosnado e mudou de posição, para informar a presença da visitante. Vanessa sorriu para a pequena e disse:

– Está lembrada de mim? Nos conhecemos anteontem na empresa em que seu pai trabalha.

– Lembro, sim!

A menina parecia feliz por rever Vanessa.

– Você é a amiga do meu pai. Estudou com ele quando criança, não é mesmo?

– Eu mesma. A propósito, ele está?

– Está sim, entre.

Mickey rapidamente correu para cheirar os tornozelos de Vanessa.

– Ele é mansinho, não se preocupe.

Vanessa acenou para o cãozinho e seguiu a menina porta adentro.

– Papai, temos visita! – falou alto a menina esperta e polida. – É aquela amiga bonitona do senhor.

– Vanessa?! – surpreendeu-se Adalberto ao vê-la entrando na casa. – Você aqui, que surpresa.

– Bom dia, Adalberto, como vai?

Ele rapidamente enxugou as mãos nas calças para poder cumprimentá-la.

– Bem e você?

– Bem também.

Adalberto voltou-se para trás e disse:

– Essa é minha esposa.

– Como vai?

As duas mulheres se cumprimentaram com simpatia.

– Em que posso ajudá-la, Vanessa? Algum problema com a luz da sua casa?

– Não, não. Está tudo bem. Vim aqui porque tenho uma surpresa para essa garotinha linda.

– É mesmo? – os olhos da menina brilharam. – O que é? Quando Vanessa colocou em suas mãozinhas, um envelope, o encanto da menina esmoreceu.

– O que é isso? – indagou a garotinha decepcionada.

– Isso, Carolina, é uma passagem para você realizar o seu maior sonho. O de ir à Disney.

Adalberto protestou na mesma hora.

– Vanessa, isso não, pelo amor de Deus!

– Adalberto, eu posso pagar esse mimo para a sua menina, se não pudesse, não faria. Não mesmo! Além do mais, é na idade em que ela se encontra que vai se divertir um bocado na Disney. Depois que crescer, o efeito não será o mesmo.

– Mas, Vanessa, eu não tenho como pagar estadia, tampouco alimentação.

– Está tudo aqui, Adalberto. Comprei um pacote de sete dias com tudo incluído. Avião, traslado, hotel e ingressos para os parques.

Adalberto ficou novamente sem palavras.

– Vanessa, não tenho coragem de mandar minha pequena sozinha nessa viagem. Dizem que as agências que levam a garotada para lá são de confiança, mas eu mesmo não confio. Coisa de pai, sabe? De pai que só teve um filho.

– E quem disse que ela vai sozinha, Adalberto? Ela irá com um acompanhante que também está no pacote. Irão numa excursão com guias para facilitar a comunicação e tudo mais. Você e sua esposa terão de tirar no palitinho qual dos dois acompanhará a menina. Simples assim. Depois de decidido, será só alegria.

O marido e a esposa s entreolharam.

– Vanessa, eu nem sei o que dizer.

O homem engoliu em seco, tamanha emoção. Sua esposa também estava muito emocionada. Houve uma breve pausa até que Adalberto decidiu:

– Será minha esposa quem acompanhará a Carolina nesse passeio – adiantou-se o homem. – Minhas férias só serão no ano que vem, portanto...

48

– Então está feito – entusiasmou-se Vanessa abrindo novamente sorrisos. – Vou lhes dar também uma quantia suficiente para pagarem as refeições e comprar alguns presentinhos. Apesar de eu um nunca ter ido à Disney, sei bem que lá tem coisas maravilhosas, lindíssimas, para se comprar.

A mulher, muito emocionada falou:

– Olha, nem sei como agradecer o que a senhora está fazendo pela minha filha.

Adalberto completou:

– Minha esposa tem razão, Vanessa. Que gesto mais solidário da sua parte.

Voltando para a menina que continuava olhando atentamente para a passagem e o folder da Disney, Vanessa admitiu, com lágrimas nos olhos:

– Só de saber que essa gracinha vai poder realizar seu maior sonho, já me sinto recompensada.

A menina sorriu para ela. Foi Adalberto quem falou a seguir:

– Mas Vanessa, se você nunca foi à Disney, deveria ir você com a Carolina.

– Eu passo a minha vez para sua esposa e com muita satisfação. Eu já sou uma cavalona para essas coisas, como costumava dizer minha avó. Além do mais, Carolina vai apreciar muito mais o passeio, estando na companhia da mãe do que na minha. Vai ser realmente uma viagem inesquecível para as duas.

– Para mim também – admitiu humildemente a mãe da menina.

E novamente os adultos ali, sentíram os olhos brilharem de emoção.

– Bem, eu vou indo – anunciou Vanessa Palomino. – Antes que me esqueça, aqui está a lista dos documentos necessários que precisam reunir para apresentar ao consulado americano. Juntem tudo e levem a essa agência que está no cartãozinho, falem com o Fábio Bertioga, ele já está a par da situação e providenciará os passaportes de vocês duas.

– Ah, sim, obrigada – agradeceu a mulher, tomando o papel nas mãos.

49

– É importante que leve o holerite de seu marido, para mostrar que ele tem vínculo empregatício no Brasil. Exigência do consulado. O Fábio ajudará vocês em tudo o que for preciso nesse processo. Até mesmo para tirarem o passaporte brasileiro. Não se preocupem com os honorários. Eu acerto com ele depois.

Voltando-se para a filha, a mãe falou:

– Carolina, meu amor, agradeça dona Vanessa pelo presente.

A menina, olhos brilhantes de empolgação, voltou-se para ela e perguntou, antes de mais nada:

– Quer dizer então que vou mesmo para a Disney?

– Vai sim, minha querida. E vai aproveitar muito. Será inesquecível.

– Vou conhecer o Mickey, a Minnie?

– Sim! E também o Pateta, o Pato Donald, o Pluto... Acho que lá você poderá encontrar a maioria dos personagens.

Num repente, a menina abraçou Vanessa, um abraço apertado e feliz. Não era preciso dizer obrigado, seu gesto dizia bem mais que uma simples palavra de agradecimento.

– Voltarei aqui, próximo da viagem, para lhes entregar os dólares. Até breve.

Depois de novas despedidas, Adalberto acompanhou Vanessa até o portão de casa.

– Vanessa, minha querida, estou realmente sem palavras. Poucos acreditariam que um ser humano faria isso por uma criança que nem contato têm para presenteá-la dessa forma. Eu mesmo não acreditaria se alguém viesse me contar.

– Isso mostra que ainda há pessoas de bom coração, Adalberto.

– E desinteressadas. Porque neste mundo em que vivemos, quando alguém faz algo tão generoso pelo outro, é porque geralmente quer algo em troca.

As palavras dele impactaram Vanessa. Ela rapidamente tentou disfarçar o choque.

– De qualquer modo, minha querida – continuou o sujeito com lágrimas nos olhos. – Se você precisar de alguma coisa, algo em que eu realmente possa ajudá-la, conte comigo, sem hesitar.

– Obrigada, Adalberto. É bom ouvir isso. Neste mundo em que vivemos, volta e meia estamos precisando de uma mão amiga que muitas vezes não existe.

– Pois é.

– Mais uma vez, obrigada.

– Obrigado você, Vanessa. Obrigado de coração. Que Deus a proteja, sempre.

– Deus?! Ah, sim, Deus! A você também.

Vanessa entrou em seu carro, pôs o cinto de segurança, ligou o motor e acenou para Adalberto Soares que se mantinha polidamente em frente a sua humilde casa, aguardando ela partir. Assim que o carro virou a esquina, Vanessa aumentou o som do veículo quase no último. Estava sintonizado na rádio especializada em tocar somente o melhor de rock paulera; tipo de música perfeita para ela comemorar mais aquele grande momento de sua vida. Ela se olhou no espelho retrovisor e sorriu.

– Linda! – elogiou-se, feliz. – Gata, gatíssima! – completou, ronronando e miando feito uma felina no cio. – Vanessa, meu amor, estou me apaixonando por você. De verdade!

E, soltando um novo miado, como uma gata travessa, ela completou, cantando a toda voz:

– Que felicidade, que felicidade, que felicidade!

Vanessa urrou no exato momento em que o cantor também urrou na canção, que parecia querer explodir os tímpanos e a própria lataria do veículo.

Capítulo 7

Uma semana antes do casamento de Otavinho Mohamed e Thaís Albuquerque, Vanessa procurou Adalberto Soares na empresa de energia elétrica. Coincidiu de ser na mesma semana em que a esposa e a filha do sujeito se encontravam a passeio na Disney, passeio que Vanessa propiciou às duas com grande alegria.

— Vanessa, tudo bem? — alegrou-se o homem ao revê-la. — Minha esposa e Carolina já estão em Orlando, sabia?

— Imaginei. Devem estar adorando.

— Sim. Com certeza.

Diante de seu semblante, Adalberto percebeu que a amiga precisava lhe falar.

— Está tudo bem? Aconteceu alguma coisa? Algum problema de energia na sua casa?

— Não, Adalberto. Nada disso. É que... Lembra quando você me disse que, se eu precisasse de alguma coisa, poderia contar com você?

— Lembro sim. Claro! O que é?

— Estou meio constrangida em te falar.

— Somos amigos, Vanessa, por favor.

— É lógico que somos, mesmo assim... Se não se importar, gostaria de comentar longe daqui. Já é fim do seu expediente, não é? Pois bem, poderíamos ir comer um pastel ali no trailer da praça e...

— Pode ser. Aguarde-me só um minuto.

Assim que Adalberto Soares bateu seu cartão, para lá

foram os dois. Papo vai, papo vem e Vanessa, com a cara mais deslavada do mundo, contou a ele o que pretendia. A princípio, ele riu, achando que ela estava brincando, só depois notou que ela falava sério. Muito sério.

– Você quer realmente que eu faça isso? – indagou, sem esconder o horror que sentia diante da proposta dela.

– Sim. É muito importante para mim, Adalberto.

– Mas...

– Eu sei que é deselegante, desonesto e até mesmo, indelicado da minha parte, mas antes de me julgar, ouça a minha história.

E ela a relatou com grande emoção.

Adalberto ouviu tudo atentamente, sem interrompê-la por um segundo sequer. Só quando ela finalizou a narrativa, com forjadas lágrimas nos olhos, é que o sujeito opinou:

– A vingança não leva a nada, Vanessa. Já diz o ditado: vingança é um prato que se come frio.

– Adoro comida fria, Adalberto.

Ele riu. Não conseguiu se conter. Ela fez uma careta e completou:

– Eles não tiveram pena de mim, Adalberto. Nenhum pingo.

– Esqueça isso, Vanessa. Escreva na areia e vá ser feliz.

– Tentei seguir esse conselho por diversas vezes e nunca tive êxito, meu amigo. 'Perdoe, releve, siga em frente, não olhe para trás', quantas e quantas vezes não vieram me dar esses conselhos! Para mim, não adiantaram nada. Continuei solitária e infeliz. Com uma coisa esquisita aqui, ó, oprimindo meu peito, sabe? Acho que é raiva acumulada ou indignação pela falta de consideração que as pessoas têm umas pelas outras. No caso, esses dois em particular.

Adalberto não sabia mais opinar. Vanessa foi persistente:

– Não vou matar ninguém, Adalberto. Você também não. Só quero mostrar para eles que, da mesma forma que me surpreendi com a canalhice dos dois, eles também podem se surpreender com a minha.

– Não sei se posso ajudá-la, Vanessa. Isso pode fazer com

que eu perca o meu emprego.

– Não vai perdê-lo, posso lhe garantir. Eu já pensei em tudo, em todas as saídas para você se safar de qualquer acusação que lhe possa cair nas costas.

– Mesmo assim, não acho certo...

– Adalberto, ponha-se no meu lugar, por favor.

– Preciso de um tempo para refletir.

– Não tenho muito tempo. Faltam apenas seis dias para o casamento e...

Ele respirou, sem esconder a apreensão.

– Sei que vai me ajudar – arrematou Vanessa, sorrindo novamente para ele com forjadas lágrimas. – Sei que vai...

Mas Adalberto não queria tomar parte naquilo, sua índole não lhe permitiria, tampouco sua religião. Por fim, Vanessa pagou pelos pastéis e refrigerantes e cada qual seguiu seu caminho.

Ela atravessava a praça onde havia a mais bela igreja da cidade, rumo ao local onde deixara seu carro estacionado, quando avistou uma linda pintura à sua frente, representando Deus.

Diante da ilustração, Vanessa parou, aproximou-se do local, sem tirar os olhos do que tanto prendera sua atenção e perguntou, baixinho, como se o Deus ilustrado ali pudesse ouvi-la e até mesmo, responder sua pergunta:

– Que olhar é esse? Se o Senhor estava atento à minha vida, sabe muito bem o que aqueles dois fizeram comigo. Tanto ele quanto ela não tiveram um pingo de pena de mim. Nenhum pouco. E eu me dediquei a cada um deles. Dei amor, amizade, sinceridade, honestidade, consideração e o que eu recebi em troca? Me diz. Então não me olhe com esses olhos. Não me recrimine. Puna eles, não a mim. Eu sou do bem, sempre fui e me parece que, neste planeta, as mulheres do bem não tem vez. Acha justo?

Diante do silêncio desconfortante, mais na sua cabeça do que no próprio ambiente, Vanessa se enfureceu.

– De que adianta perguntar, se Vossa onipotência nunca me responde? Nunca!

Desconsolada, Vanessa retomou o caminho até o carro. De

54

tão desligada que estava naquele momento, atravessou a rua sem olhar para os lados. Uma caminhonete buzinou e o motorista, um rapagão bonito, pôs a cabeça para fora e gritou:

– Olha por onde anda, gostosa!

Vanessa nunca fora de falar muitos palavrões, mas soltou um, para espanto de si mesma.

E o cara tornou a buzinar, caçoando dela. Ao se fechar em seu carro, ela tomou ar e se recompôs. Ligou o rádio na estação do rock, sua predileta nos últimos tempos e voltou para casa ouvindo Sepultura no último.

Quando lá chegou, tomou um banho com toda liberdade que uma mulher madura pode ter para ser feliz e, depois do jantar, sentou-se novamente de frente para a TV, ansiosa por mais um momento íntimo entre ela e William Bonner, seguido de mais um capítulo de sua novela favorita.

No dia seguinte, enquanto Vanessa ainda tomava o café da manhã, seu telefone tocou.

– Alô.

– Vanessa, é o Adalberto. Liguei para te dar a minha resposta.

O coração dela gelou.

– Você foi muito bacana com a minha filha. Realizou um sonho dela que eu certamente jamais poderia concretizar, portanto, vou fazer o que me pede. Só espero não complicar a minha vida por causa disso. Nem a minha nem a sua.

– Nada vai te acontecer, Adalberto, garanto.

Antes de desligar, ela reforçou seu agradecimento:

– Obrigada, Adalberto. Muito obrigada.

Assim que pôs o fone no gancho, os olhos de Vanessa brilharam e até mesmo o café lhe pareceu ter um sabor diferente. Transbordando de felicidade, ela apanhou suas coisas e seguiu para o trabalho, dessa vez, com o rádio sintonizado numa estação que só tocava música sertaneja.

Que você perca o seu bilhete da Mega Sena premiada

Que você seja traído pela mulher que diz ser sua amada
Que você perca a eleição no último momento
Que passe a mesma vergonha pela qual estou sofrendo
Que você seja fisgado por uma milionária caipora
Que te use, abuse e depois te jogue fora
Te prometa os céus e te entregue o inferno
Faça de você o mais cornudo do milênio
Isso ainda é pouco para o que você me fez
Melhor seria você acabar num xadrez
Vendo o sol nascer quadrado, arrependido do passado
Ingrato. Você não passa de um ingrato
Pode até ser muito gato e garanhão.
Mas quem vai miar por último, sou eu, lindão.
Ingrato. Você não passa de um ingrato
De que vale ser gato e garanhão, se na última hora você acaba
sempre na mão.

A letra da canção era ótima. Expressava exatamente o que toda mulher vingativa desejava a um cara que usou e abusou dela, tratou-a como um simples pão com mortadela.

Capítulo 8

Três dias antes do casamento de Thaís Albuquerque e Otávio Mohamed, Vanessa pediu para sair mais cedo do trabalho, pois tinha médico marcado naquela tarde. Mentira. Seu propósito era outro. Bem outro.

De sua casa, ela ligou para a floricultura que iria decorar a igreja para o enlace matrimonial dos noivos. Havia conseguido descobrir quem faria a decoração, por meio de uma tia do Otavinho, de quem ficara muito amiga quando os dois namoraram. A mulher, inclusive, se ressentia do fato do namoro ter acabado do jeito que acabou.

"Você era tão boa para ele, minha querida. Ele jamais deveria tê-la trocado pela outra que se dizia sua amiga", comentou Dona Jandira com Vanessa. "Mas quem pode entender os homens? Acho que nem eles são capazes disso".

Dona Jandira realmente ficara chateada com o término do namoro dos dois, mas o que podia fazer? Nada.

– Boa tarde – falou Vanessa, assim que atenderam sua chamada na floricultura.

– Pois não?

– Aqui quem fala é Soraya Bittencourt, a encarregada dos preparativos para o casamento de Otávio Mohamed e Thaís Albuquerque.

– Ah, sim, como vai a senhora?

– Bem e você?

– Muito bem.

– Estimo. Estou ligando para informar que houve alterações

57

na decoração da igreja. Ao invés das velas tradicionais, que se manteriam acesas durante a cerimônia, vamos deixar somente os arranjos de flores.

– Sem velas, então?

– Sim, porque vela é para velório, não para casamentos.

– Se a senhora pensa assim.

– Não sou eu, minha querida, é a noiva.

– Mas Dona Thaís me pareceu querer tanto as velas...

– Já mudou de ideia. Aquela lá, muda de ideia como muda de vestido. Só espero que não desista de se casar ou queira substituir o noivo por outro na última hora.

A moça riu e Vanessa riu com ela.

– Então é isso. Anotou certinho? Ótimo. Obrigada.

A próxima ligação de Vanessa foi para o bufê responsável pela festa do casamento.

– Boa tarde – disse Vanessa delicadamente para quem a atendeu do outro lado da linha.

– Pois não?

– Aqui quem fala é Soraya Bittencourt, a encarregada dos preparativos para o casamento de Otávio Mohamed e Thaís Albuquerque.

– Ah, sim, como vai a senhora?

– Bem e você?

– Muito bem.

– Estou ligando para informar que houve alterações no cardápio da festa do casamento.

– É mesmo?! Que bom que nos avisou a tempo. Não poderíamos mudar na última hora. Ainda bem que aqui no bufê sempre preparamos todos os alimentos um dia antes de cada festa, para manter tudo fresquinho.

– Por isso, vocês são considerados um dos melhores bufês da região.

– Obrigada.

– Pois bem – Vanessa se segurou para não rir. – Vamos substituir as tortas de palmito por tortas de camarão e o prato principal será lombo e não filé mignon. Ponha muito salame na mesa de frios e o escondidinho será de calabresa, não de carne seca como havíamos combinado.

– Certo. Mais alguma alteração?

– O resto mantenha igual.

– Está anotado.

– Obrigada.

Ao desligar o telefone, Vanessa suspirou quase em êxtase, tamanha alegria. Com um sorriso matreiro, admirou-se no espelho e novamente se elogiou:

– Gata, Vanessa, você está muito gata. Gatíssima, gatérrima! E, de repente, ela rompeu numa gargalhada histérica e doentia.

É obvio que tanto a floricultura quanto o bufê poderiam retornar a ligação para a pessoa responsável pelo casamento em questão e, com isso, o plano de Vanessa Palomino iria por água a baixo. Contudo, Vanessa achou melhor contar com a sorte. Seu plano poderia dar certo, por que não?

Se os atendentes tivessem registrado seu número de telefone, por meio do identificador de chamadas, ela inventaria uma desculpa qualquer para explicar aquilo. Todavia, eles jamais teriam anotado, não era do feitio de ambas as empresas.

Que tudo acontecesse como ela tinha planejado, só de imaginar, Vanessa chegava a suspirar de prazer.

Naquela noite, enquanto o Jornal Nacional passava, Vanessa comentou com William, como se ele pudesse escutá-la:

– Ah, meu querido. Só falta você aqui, ou um homão como você para estar ao meu lado na hora em que aqueles dois receberem o que merecem. Ah, William, William, meu gato.

E quando o âncora do jornal disse "boa noite", Vanessa, como de hábito, retribuiu:

– Boa noite, meu anjinho. Muito boa-noite.

Nesse meio tempo, na casa de Otávio Mohamed, a família se reunia em torno do rapaz e de sua noiva.

– Não é preconceito – afirmava Thaís de forma hipócrita.

– Mas certas pessoas não têm berço para frequentar a alta

sociedade. Por isso não convidei boa parte da família do meu pai. São bregas, sem classe alguma. Sem condição.

– Concordo plenamente, minha querida – admitiu a mãe de Otavinho, tão esnobe quanto a futura nora. – Você foi corajosa, admiro. Fiz o mesmo quando me casei e agora, na hora de fazer a lista de convidados do Otavinho. O problema de convidar parentes em situação financeira abaixo da nossa é que eles têm tanta inveja da gente, por estarmos em melhores condições do que eles, que essa inveja nos faz mal. Faz até com que nos sintamos culpados por sermos ricos e eles, não.

Thaís assentiu e a mulher acrescentou:

– Meu pai já dizia que dinheiro atrai dinheiro. Ou seja, se quisermos prosperar, devemos conviver só com quem tem.

– Concordo plenamente – admitiu Thaís que pretendia, depois de casada, conviver somente com os ricos da cidade e região.

– O mais incrível – continuou a mãe de Otavinho –, é que os pobres têm preconceito em relação aos ricos. Quantas e quantas vezes eu não fui discriminada por ter me casado com um muçulmano rico e influente na sociedade? O Otavinho, coitadinho, também. Neste país, ser rico até parece ofensa. Por isso, procuro viver somente entre os meus iguais. O lado pobre da família que conviva somente com os pobres, e o lado rico, com os ricos. Ponto final.

Thaís, sorrindo, aplaudiu a sogra porque compactuava da mesma opinião que a dela. A seguir, quis saber:

– Mas afinal, minha sogra, por que muçulmano não come carne de porco?

A mulher, rindo, admitiu:

– Fiz essa mesma pergunta pouco antes de me casar com o pai do Otavinho. Só então ele me explicou o porquê.

E Thaís ouviu com atenção.

– Pensei que era porque trazia má sorte. Superstição. Se fosse, não comeria nunca mais.

Thaís e a futura sogra riram.

Enquanto isso, na casa de Henrique Pasquale, o moço já não sabia mais o que fazer para saldar suas dívidas.

– Aquela vagabunda – irritou-se a esposa, referindo-se a Vanessa Palomino. – Merece pagar pelo que está fazendo conosco, Henrique. Estou quase indo lhe dar uma lição.

– Magali, não se meta com isso, por favor! – preveniu o marido.

– Mas a Vanessa não pode continuar fazendo isso com você, Henrique.

– Ela vai acabar mudando de ideia, você verá.

– Se ela não mudar de ideia – salientou Magali enfurecida.

– Eu a faço mudar.

– Magali, por favor.

Mas a esposa não o ouviu:

– Pessoas como a Vanessa não merecem morrer, isso não. Devem mesmo é ser atropeladas para que fiquem meses na cama reavaliando seu comportamento e se culpando por suas maldades.

Henrique acabou achando graça da esposa que também riu do que disse. No íntimo, ela estava mesmo disposta a pregar um susto em Vanessa, caso ela continuasse se recusando a vender sua morada.

No dia seguinte, no trabalho, Arlete Meneses percebeu de imediato que Vanessa estava muito mais radiante que de costume.

– Menina, menina, menina... Seus olhos brilham como os de uma diabinha. O que mais você aprontou, Vanessa? Vê lá, minha amiga. Não vá se complicar com a justiça, pelo amor de Deus.

– Relax, Arlete. Relax. Vai dar tudo certo. Mas só te conto depois, para não gorar.

Arlete mordeu os lábios de tanta curiosidade!

Capítulo 9

O casamento de Otávio Mohamed e Thaís Albuquerque se realizaria na catedral da cidade, como todo casamento grã-fino, às vinte horas.

A igreja já estava lotada a essa hora e devido ao corre-corre, a mãe da noiva e a verdadeira cerimonialista do casamento sequer notaram a falta dos candelabros com velas, ornamentando toda a extensão do corredor que levava ao altar.

Quando a cerimonialista percebeu, já era tarde demais para tirar satisfações com os encarregados da floricultura contratada. Além do mais, ela tinha preocupações mais sérias naquela noite, relâmpagos e trovões anunciavam uma forte chuva prestes a desabar na cidade, a qual atrapalharia um bocado a entrada da noiva na igreja e depois, na sua locomoção para o Tênis-Clube, onde haveria a festa para os convidados.

A ameaça de chuva deixou Thaís Albuquerque irritadíssima.

– No meu casamento, não! – dizia ela, com raiva, contendo-se para não chorar de ódio.

Mesmo com a ameaça de temporal, Thaís fez questão de chegar atrasada na igreja, porque achava chique uma noiva se atrasar. Quando finalmente desceu do carro, os primeiros pingos de chuva começavam a cair.

– Droga – ralhou entre dentes.

Com a ajuda do estilista e de seus ajudantes, ela se posicionou frente à porta e se preparou para entrar.

Otávio Mohamed, lindíssimo, trajando um terno de linho

italiano, que acentuava ainda mais seu corpo atlético e viril, aguardava todo imponente, ao lado de seus pais e demais padrinhos, o início da cerimônia.

Poderia dizer que aquele era realmente o casamento do ano, especialmente pelo fato de Otávio ser de família rica.

Vanessa também estava presente, linda dentro de um vestido pink, assistindo a tudo, só que de um lugar discreto.

A marcha nupcial começou a tocar, os convidados se levantaram e as portas do saguão da catedral se abriram.

Thaís estava linda, poucas noivas ficariam tão lindas como ela num vestido brocado. Ela sorriu para todos e caminhou de braços dados com seu pai até o altar. Emoção à flor da pele. Realização. Conquista.

Ela continha os passos para que a jornada até o noivo fosse a mais demorada possível, assim todos poderiam admirá-la por mais tempo e ela se regozijaria com o prazer de ser o centro das atenções.

A marcha nupcial tocando, raios e trovões irrompendo nos céus, Otávio sorrindo para Thaís, Thaís retribuindo os sorrisos dos convidados. Tudo maravilhoso, tudo perfeito e então, um novo trovão estremeceu os céus e, com isso, a luz do bairro se apagou.

Comoção. Burburinho. Decepção.

– As velas – murmurou Thaís assustada. – Onde estão as velas da decoração?

Pânico total. Ninguém sabia o que dizer.

O burburinho aumentava e o desespero dos noivos também. Enquanto isso, raios e trovões pontuavam os céus e a chuva despencava forte por toda a cidade.

Viu-se então uma mulher seguindo pelo tapete vermelho, na direção da noiva, empunhando um isqueiro. Aquilo fez Thaís respirar aliviada.

– Ufa!

Mas seu alívio durou pouco. Ao perceber que se tratava de Vanessa Guimarães Palomino, Thaís se horrorizou. O que ela estaria fazendo ali? Não fora convidada.

– Poxa, justo agora?! – murmurou Vanessa, procurando disfarçar o desdém.

Ao vê-la, olhando fixamente para ela, Thais Albuquerque quis estapeá-la, arranhá-la, descontando nela, toda sua raiva pelo acontecido.

– Onde estão as velas? As velas! – gritou, perdendo de vez a compostura na frente de todos.

– Acho melhor você se acalmar, querida – lembrou-lhe Vanessa, achegando-se ao seu ouvido. – Estão todos olhando para você. E aqui vai um conselho meu, ainda que, se conselho fosse bom, vendia-se. Se eu fosse você, seguia até o altar e realizava seu casamento mesmo no escuro. Vai que o noivo muda de ideia e...

Os dentes de Vanessa brilharam num sorriso felino.

– Venha, eu ilumino o caminho para você. Não vá tropeçar, hein?

Os poucos presentes que tinham em mãos um isqueiro, rapidamente ascenderam os seus para iluminar o interior da igreja. Nesse ínterim, o padre já havia pedido para o coroinha ir buscar o lampião a gás que dispunham para emergências desse tipo. Demorou até que alguns se lembrassem de usar a lanterna do celular para iluminar a nave.

Para ridicularizar ainda mais a situação, Vanessa, que tinha boa voz para o canto, entoou a marcha nupcial num contagiante e alegre "La rá rá rá... La rá rá rá... La rá rá rá...".

Se fez de propósito, isso ninguém saberia dizer, mas o fato é que ao invés de entoar a marcha nupcial, entoou o hino nacional. Alguns a acompanharam para dar vida à canção. Outros riram, baixinho, para não estragar ainda mais o episódio.

Foi assim que Thaís conseguiu chegar ao altar e a cerimônia teve início. Por mais que o padre falasse bonito, Thaís ignorava suas palavras. Só tinha um pensamento naquele instante: processar a floricultura, por não ter feito a decoração planejada, e a cerimonialista, por ter deixado que um fora daqueles estragasse o seu casamento. Se pudesse, ela também processaria Deus por ter feito chover bem naquela hora, e a companhia elétrica por ter dado um apagão naquele instante.

Quando o padre lhe perguntou:

– Thaís dos Santos Albuquerque. Você aceita se casar com Otávio Mohamed, prometendo lhe ser fiel, amá-lo e respeitá-lo, na alegria e na tristeza, na saúde e na doença, todos os dias de sua vida, até que a morte os separe?

A noiva, muito emocionada respondeu:

– Sim.

O padre rapidamente pediu:

– Fale mais alto, meu bem.

– Sim – tornou Thaís elevando a voz.

– Mais alto – insistiu o homem. – Afinal, estamos sem microfone.

E fuzilando o sujeito com os olhos, Thaís repetiu a toda voz:

– Sim, sim, sim! – virou-se para trás e repetiu: – Sim, ouviram?

Não houve quem não risse. E lá fora, os céus pareciam derramar um oceano sobre a cidade.

Capítulo 10

As poças de água deixadas pela forte chuva, atrapalharam a chegada dos convidados até a entrada do Tênis-Clube, onde ocorreria a festa do casamento.

Mulheres tiveram de erguer seus vestidos para não molharem, porém, seus sapatos ficaram encharcados. Homens também tiveram a barra de suas calças comprometidas. Sem contar os pingos que caíam sobre todos, resquícios da chuva sobre as copas das árvores do local.

Thaís Albuquerque espumava de ódio. Teve de ser erguida no colo por um primo adepto da musculação, para que não molhasse os sapatos, tampouco a barra do vestido. O véu, para não molhar, foi segurado no alto por seu estilista.

Dentro do clube, depois do sujeito ter lhe dado alguns retoques, a noiva estava mais uma vez digna de ser admirada por todos e, assim, pôde entrar mais tranquila no grande salão, na companhia do noivo, sob uma retumbante salva de palmas.

Depois de muitas fotos tiradas, entre poses, caras e bocas, o casal foi passando de mesa em mesa para cumprimentar os convidados.

Enquanto isso, os garçons serviam as bebidas: refrigerantes, vinhos, batidinhas, prosecco e uísque. Também os salgadinhos de entrada e aperitivos: risoles, quibes com coalhada, empadas, coxinhas, esfirras, bolinhas de queijo, canudinhos de salsicha, barquinhas de maionese, carolinas com recheio de palmito, pãezinhos de batata com mozarela e tomate, dentre outros.

Uma variedade de salgados deliciosos que só mesmo um bufê caríssimo poderia oferecer.

A mesa de frios também estava liberada para todos que quisessem dela se servir. Queijos de todos os tipos estavam à disposição: cheddar, estepe, emmenthal, gouda, gorgonzola, parmesão, provolone, queijo do reino, queijo brie, roquefort, todos para rechearem os pães de diversos formatos e sabores. Havia também carpaccios, presunto cru, presunto cozido, salaminho, presunto de peru, mortadela italiana, lombinho canadense, pastrami, copa, xadrez, blanquetes de chester, blanquetes de peru.

Para incrementar ainda mais os pratos que cada convidado poderia montar de acordo com seu apetite, havia azeitonas, ovos de codorna, patês, conservas em geral, palmito, legumes cortados em tiras acompanhados de molhos, tomate seco e ervas frescas.

Havia também uma mesa com frutas deliciosas como maçã, morango, figo, ameixa, melão e outras. Poucos ali haviam visto tanta fartura concentrada num único local.

Somente depois de passarem de mesa em mesa é que Otávio e Thaís ocuparam a mesa central, reservada para os noivos, juntamente com seus padrinhos. Como de praxe, o bufê destinava um garçom especialmente para servir os noivos. Otávio estava louco de vontade para saborear a comida, começando pela deliciosa torta de palmito, sua favorita. Estava tão distraído com tudo a sua volta que levou alguns minutos para perceber que não era palmito e sim, camarão.

Olhando com desagrado para os resquícios do pedaço de torta em seu prato, o noivo fez sinal para o garçom.

E lá foi o sujeito todo sorridente atender ao seu chamado.

– Pois não?

– Essa torta aqui é do quê?

Após rápida conferência, o sujeito respondeu:

– De camarão, meu senhor.

Otávio se transformou. Voltou-se feito um raio para Thaís e lhe disse, entre dentes:

– Você pediu torta de camarão?! Esqueceu-se de que sou

alérgico a camarão? Eu lhe avisei.

Thaís reagiu na mesma hora:

– Eu não pedi isso. Era para ser torta de palmito.

Após examinar os restos no prato do noivo, Thaís fez sinal para o garçom lhes trazer o escondidinho que acreditava ser de carne-seca, como havia combinado com o bufê.

Assim que provou, Otávio cuspiu no prato.

– O que houve? – alarmou-se Thaís horrorizada com a cena.

– O que houve?! – enervou-se Otávio mais uma vez. – É escondidinho de calabresa. Nossa família não come calabresa. Eu te avisei.

Thaís estava boquiaberta. Chamou novamente o garçom e falou, furiosa:

– Esse escondidinho era para ser de carne-seca.

O garçom simplesmente respondeu o que era certo:

– Então, deve ter havido alguma confusão.

Grosseiramente, Thaís mandou chamar o maître que logo apareceu, todo sorrisos, para falar com ela.

– Pois não?

– O senhor pode me explicar por que essa torta é de camarão se eu pedi torta de palmito para o bufê?

– Bem...

– E esse escondidinho de calabresa? A família do meu marido não come calabresa. Era para ser de carne-seca. Escondidinho de carne-seca!

Sinceramente, o maître não sabia o que responder. Tudo o que conseguiu dizer foi:

– A senhora tem mesmo certeza de que não pediu esses pratos?

– É lógico que tenho certeza! Está pensando que sou tonta, é?

Diante do chilique da filha, sua mãe lhe pediu calma:

– Thaís, meu bem, estão todos olhando para você. Contenha-se.

– Conter-me, mamãe?! Como assim me conter? Pedi torta de palmito, fizeram de camarão. Pedi escondidinho de carne-seca, fizeram de calabresa.

Nisso, Otávio levou a mão ao pescoço, sentindo forte queimação. Só então, Thaís percebeu que seu rosto estava repleto de manchas vermelhas. Rapidamente ela agiu.

– Otávio, meu amor, você precisa de um médico.

O maître, muito solícito, correu até o palco onde uma banda animava a festa e pediu para perguntarem se havia um médico dentre os convidados. Por sorte, havia, e logo após ele examinar o noivo, sugeriu que o levassem imediatamente para um pronto-socorro. Ele precisava tomar uma injeção de Fenergan, urgentemente.

Novamente o primo musculoso da noiva foi chamado para oferecer seus músculos. Dessa vez, ele carregou nos braços Otávio Mohamed que transpirava, como se estivesse sob um sol escaldante. Thaís os acompanhou. Assim que entraram no carro, partiram, a toda, para o pronto-socorro mais próximo.

Uma hora depois, eles estavam de volta. Bem no momento em que o jantar estava sendo servido. Thaís estava louca de vontade para provar o filé mignon ao molho branco com ervilhas acompanhado de risoto de aspargos. Nem bem os noivos sentaram-se à mesa principal, a mãe de Otavinho foi ver o filho e falar com Thaís em particular.

– Thaís, minha querida – começou a mulher seriamente.

– Avisei você que a família do Ali, meu marido, é de origem muçulmana. Eles não comem carne de porco.

– A senhora me disse, sim, e daí? – Thaís estranhou o comentário.

– E daí, você ainda me pergunta? A carne do prato quente é lombo. Avisei você para escolher filé mignon.

– E eu escolhi!

Thaís rapidamente fez sinal para o garçom que confirmou o que a sogra lhe dizia.

– Isso não pode ser verdade. É um pesadelo.

– O Ali está furioso. A família dele inteira está torcendo o nariz.

Thaís não mais se conteve. Chamou imediatamente a

69

cerimonialista para conversar a respeito do imbróglio. A mulher no mesmo instante se defendeu:

– Thaís, minha querida, foi um erro do bufê, nós não pedimos torta de camarão, nem escondidinho de calabresa, tampouco lombo como prato quente. Tenho certeza disso.

– Diga aos proprietários que vou processá-los – explodiu Thaís mais uma vez. – O erro deles quase matou o Otavinho.

Na esperança de acalmar a filha, sua mãe a aconselhou:

– Meu bem, depois a gente vê isso. Agora é hora de alegria, de festa. Não perca esse grande momento por causa desse imprevisto.

– Não vou conseguir relaxar, mamãe. Estou possessa.

Um minuto depois, a cerimonialista reaparecia ao lado do maître.

– Thaís, o maître alega ter havido um pedido de alteração de cardápio três dias antes da festa.

– Por não ser uma grande alteração – explicou o profissional – atendemos a solicitação sem a necessidade de refazer o contrato.

– Quem pediu para alterar?

O homem engasgou ao responder:

– Segundo me informaram, foi a própria cerimonialista.

A mulher ao lado dele murchou:

– O quê?! Eu jamais fiz isso.

– Bem... – continuou o sujeito um tanto sem graça –, segundo nossa secretária, a cerimonialista ligou pedindo para alterar o sabor da torta, do bolinho e da carne que acompanharia o risoto.

– Eu jamais fiz isso! – defendeu-se a profissional.

Antes que o caldo engrossasse, Otávio Mohamed interferiu na conversa:

– Thaís, depois vocês conversam sobre isso. Estão todos olhando para cá. Não fica bem.

A moça concordou. E como quem espanta galinhas, fez um gesto com as mãos para que o maître e a cerimonialista saíssem de perto dela, antes que os garfasse. Voltou-se então para o marido e disse, com pesar:

– Seu pai deve estar fulo da vida comigo.

– Está, sim, não nego. Mas depois vocês resolvem isso.

– Saiba que vou processar o bufê e a cerimonialista. Não sossegarei enquanto não fizer isso. Estão pensando que eu sou o quê? – Thaís bufou: – Que noite! Que noite! Planejei tudo com tanto cuidado e carinho para ser uma noite especial, perfeita e, no entanto...

– O importante é que a chuva diminuiu e a luz voltou. Agora esqueça tudo isso e vamos nos divertir.

O tom dele conseguiu finalmente acalmar a moça que agora era sua legítima esposa.

Foi realmente o casamento do ano. Marcante pela qualidade da comida servida, como pelos chiliques que a noiva deu e fez todos gargalharem pelas suas costas.

Nos dias subsequentes, não se falava noutra coisa nos salões de beleza da cidade, senão a respeito dos fiascos do casamento de Otávio Mohamed e Thaís Albuquerque.

Ao deixar a igreja, Vanessa pouco se importou com a chuva que ainda caía sobre a cidade. Sorria, feliz, pela vingança realizada. Queria estar na festa do casamento para poder ver a cara de Thaís ao descobrir que a comida do bufê havia sido alterada. Só de pensar na cena, Vanessa Palomino gargalhava.

Mesmo encharcada de chuva, ela se sentou no assento de seu carro, sem se importar se iria molhá-lo ou não. Tudo era festa, mais uma vitória sobre um ex-namorado seu. Mais uma vingança plena sobre uma falsa amiga que lhe roubara o namorado no maior despudor.

Assim que chegou em casa, trocou o vestido social por um moletom leve e ligou para Adalberto, para lhe agradecer pelo trato combinado com ela.

– Vanessa – respondeu o homem, um tanto sem graça do outro lado da linha. – Na hora, eu não consegui.

– Não conseguiu o quê, Adalberto?

– Cortar a luz do bairro.

– Mas...

– Não achei certo, Vanessa. Ficaria com peso na consciência pelo resto da minha vida. Com remorso. Não se deve fazer ao próximo, o que não gostaríamos que fizessem para nós mesmos. Devemos amar o próximo, não prejudicá-lo. É isso que minha religião ensina. Sei que tínhamos um trato, mas... Perdoe-me.

Vanessa mal podia acreditar no que estava ouvindo.

– Mas a luz, Adalberto, de qualquer modo, ela apagou.

– Pois é, Vanessa. Você não vai acreditar em mim.

O sujeito falava agora mais animado.

– Diga, homem, o que é?

– A luz realmente faltou. Um curto-circuito provocado pela tempestade, um raio com certeza, acabou causando a pane.

– Não?!!!

– Sim. Inacreditável, não?

– Se é. Até parece coisa de... – Vanessa se arrepiou. – De qualquer forma, obrigada pela ajuda que poderia ter me prestado.

– Obrigado você por ter realizado o sonho da minha filha, Vanessa.

– De nada, foi um prazer.

Ao desligar o telefone, Vanessa se sentiu menos mal com tudo aquilo, afinal, a falta de luz durante a cerimônia na igreja não fora culpa dela, acontecera mesmo, sem querer. Mesmo que Adalberto não tivesse cumprido o trato que fizera com ela, o importante é que ela havia realizado o sonho de uma menina, algo que Carolina jamais se esqueceria em toda vida.

Ao se ver no espelho, Vanessa sorriu para si mesma e disse:

– Parabéns! Foi melhor do que o esperado. Que venha o próximo. Será difícil se vingar dele, mas não impossível.

O próximo a quem ela se referia, era aquele que fora seu namorado e a abandonara para priorizar sua carreira de músico. Fazia parte da dupla sertaneja "Leonardo Veloso e João Gil" que se tornara famosa depois de conquistar o Brasil com a canção *Você roubou um fio de cabelo do meu peito*.

O refrão era assim:

Sua ingrata, mulher ingrata...
Sua perua, você é de lua
Roubou um fio de cabelo do meu peito
Pra me fazer pirraça...

Uma das tantas letras maravilhosas e poéticas do melhor sertanejo universitário no Brasil. Estilo de música que começava a dominar o país.

A família de Leonardo ainda morava na cidade, mas ele pouco aparecia por ali, devido à maratona de shows. Uma média de vinte por mês. O trabalho era exaustivo, mas necessário, caso quisessem realmente se tornar uma das duplas sertanejas mais famosas do país.

Vanessa ainda não sabia como iria se vingar do sujeito, mas haveria de encontrar uma forma. Haveria, sim.

Capítulo 11

Dias depois, Vanessa foi ao melhor salão de beleza da cidade para se renovar, mudar o visual, causar, brilhar...

Sua chegada ao salão causou grande furor, afinal, o que acontecera no casamento de Otavinho Mohamed e Thaís Albuquerque tornara-se o fuxico número um da cidade.

Não se fazia ideia, obviamente, de que fora Vanessa a responsável por muito dos acontecimentos que deixaram Thaís Albuquerque possessa, mas o fato de ela ter guiado a noiva até o altar, empunhando um isqueiro e entoando o hino nacional, ao invés da marcha nupcial, foi comentário geral entre os fofoqueiros.

– Vanessa, querida! – saudou-lhe Nino de Assis, o cabeleireiro da elite da cidade. – Que bons ventos a trazem, meu anjo?

E para cutucar a moça, o sujeito falou, sem reticências:

– Três beijinhos para casar!

Vanessa não se importou com o comentário sarcástico, estava de muito bom humor, nada a tiraria do sério.

Os três beijos foram dados e Nino fez questão de atender Vanessa pessoalmente, mais para ficar a par dos acontecimentos recentes, do que propriamente por querê-la bem.

– Me conta – falou o cabeleireiro, assim que ajeitou o lenço protetor em torno do pescoço da cliente. – Que bafon foi aquele no casamento da Thaís Albuquerque? Fiquei passada, menina. Que falta de sorte a dela, hein? Acabar a luz bem na hora em que ela seguia pelo tapetão vermelho até o altar? Menina, pensei que a mimadinha fosse ter um treco.

Vanessa continuou calada, fingindo-se admirar no espelho.

– E você, Vanessa, de repente me aparece bem no meio da escuridão, como se fosse um fantasma, empunhando um isqueiro na mão. A bicha aqui ficou bege. Bafon total!

Vanessa fez uma careta de quem diz: "Pois é".

– Não sabia que você havia sido convidada – cutucou-lhe o exuberante Nino novamente.

– Não fui. Mas quis dar uma espiadinha na cerimônia, não se falava noutra coisa na cidade senão nisso. No meio de tantos convidados, Thaís e Otavinho nem me notariam, não é mesmo?

Ele riu, mais irônico do que nunca:

– Deve ter sido um prato cheio para você, ver o casamento da sua rival, desmoronar daquele jeito.

– Ela não é minha rival.

– Ah, meu bem, é sim, todos sabem. Roubou seu namorado e...

– Ela não teria conseguido se o Otavinho não tivesse permitido. Ele é tão culpado quanto ela. Mas isso são águas passadas. Eles agora estão casados e...

– Você ficou sabendo que ele foi parar no hospital no meio da festa? O coitado comeu um pedaço de torta de camarão, pensando ser de palmito. É alérgico a camarão.

– Não fiquei sabendo.

– Abafa! Bafon total!

– Imagino.

E achegando-se ao ouvido da moça, quase num sussurro, Nino perguntou:

– Mas você fez de propósito, não fez? Quando apareceu empunhando o isqueiro na mão e cantando o hino nacional? Confessa! Diante das circunstâncias, você não perderia a oportunidade de se vingar da danada, não é mesmo? Vingar-se dela e do seu ex.

Vanessa, sem poupar a dissimulação, respondeu:

– Fiquei com pena dela, sabe? Preparou com tanto carinho aquele momento e, de repente, tudo deu errado. Naquele instante

75

eu quis ser solidária. Meu lado bom falou mais alto.

Nino riu, zombeteiro.

– Sei. Quem não te conhece que te compre!

E voltando a cochichar no ouvido dela, o cabeleireiro perguntou:

– Só uma coisinha que eu gostaria de saber. Você não fuma que eu sei, então, o que fazia com um isqueiro nas mãos?

Por aquela pergunta, Vanessa não se preparara. Jamais pensou que alguém fosse se dar conta de algo tão incoerente. Todavia, seu instinto de defesa agiu bem rápido:

– Não era meu! Digo, o isqueiro. Era de um senhor... De um convidado que estava ao meu lado. Diante do apagão, perguntei a ele se tinha um e ele me emprestou.

– Sei – respondeu Nino, franzindo os olhos e fazendo bico, sinal de que não havia acreditado em nenhuma palavra dela.

Para mudar de assunto, Vanessa mexeu em seus cabelos e perguntou:

– Nino, meu querido, o que sugere?

Ele, recuperando a postura de ser muito bom no que fazia, deu sua opinião.

Nisso, chegou ao salão, Janete Conte, rica por herança, não por capacidade. Muitos a chamavam de Joanete, por ter joanetes, outros de Janete "conte outra", porque ela se repetia muito em suas histórias como se tivesse Alzheimer precoce.

– Gente, gente, gente!!! – falou a mulher no seu tom ardido e enjoativo de sempre. – Acabei de vir da Cleusa Presentes. A Thaís Albuquerque acabou de dar um show na loja. A maioria dos presentes que recebeu, não fazia parte da lista que ela deixou no local. Estava histérica e ficou ainda mais, quando descobriu que a lista que tinha seu nome não continha os itens que ela escolheu. A Cleusa, proprietária da loja, procurou acalmá-la, dizendo que trocaria tudo o que ela quisesse. Que não se preocupasse.

Fiquei sabendo, quando vinha para cá, que o mesmo aconteceu nas outras lojas de presente em que a Thaís fez lista. Na Rainha dos Enxovais, Minerva Modas e Linha S, Thaís também rodou a baiana.

– Que barraco! – comentou Nino, divertindo-se à beça com a desgraça alheia.

Vanessa calmamente opinou:

– Quem diria! A Thaís, que se diz tão fina e educada, perdeu a compostura, hein?

– Aquela ali não tem nada de fina e educada, meu bem. Não é porque é de classe média que seria. Muitos ricos também não tem classe, principalmente os emergentes.

– Verdade.

E olhando bem para os olhos discretos de Vanessa Palomino, Nino ficou matutando. Ao perceber seu olhar, Vanessa sorriu, um tanto sem graça:

– O que foi?

– Nada não – respondeu ele, dando-lhe uma piscadela maliciosa.

Ele sabia, sim, ele sabia que em tudo aquilo havia um dedo de Vanessa. Sua intuição nunca falhava.

Cinco dias depois, por volta das seis da tarde, Vanessa recebeu uma visita surpresa em sua casa.

– Já vou, já vou! – disse ela, correndo para atender à campainha insistente. Ao abrir a porta, chocou-se ao ver Thaís Albuquerque bem de frente a ela.

– Thaís?!

Vanessa ficou rubra, realmente fora pega de surpresa. A ex-grande-amiga empinava o rosto, peitando Vanessa com um olhar superior e desconfiado.

– Pensei que ainda estivesse em lua de mel – falou Vanessa para quebrar o clima.

Thaís nada respondeu, simplesmente disse, ferina:

– Cuidado, Vanessa. Muito cuidado. Todo mal que se faz para alguém, um dia volta pra você.

– Mas quem me fez mal foi você, Thaís, ao roubar o Otavinho de mim. Não que ele valesse muito, se prestasse realmente, não teria se dado ao desfrute com você. De qualquer modo, o que está feito está feito, mas penso, na verdade, tenho certeza absoluta, de que quando um cara trai uma mulher pela primeira vez, logo trairá de novo.

– Saiba que o Otavinho me ama. Tanto que preferiu ficar comigo. Não com você!

– Então faça bom proveito dele.

– Já estou fazendo.

– Maravilha!

Com um risinho de escárnio, a petulante Thaís completou:

– É duro, né? Ser até bonitinha e não encontrar homem algum que se interesse por você. Coitada. Tenho pena, sabia? Mas olha, soube que vão construir um prédio aqui na região e, com isso, haverá muitos pedreiros. Aproveite, meu bem, pelo menos deles você receberá cantadas e elogios. Pedreiros sempre cantam e elogiam qualquer uma, até mesmo as feias.

Vanessa se segurou para não dizer poucas e boas para aquela que um dia fora sua melhor amiga. Thaís voltou a falar, afiada:

– Confesso a você que fiquei deprimida, sim, pelo que você aprontou comigo. Fiquei mesmo. Tanto que tive de ir curar a minha tristeza no melhor shopping de Miami onde comprei roupas das melhores marcas. Calvin Klein, Dolce & Gabbana, Giorgio Armani, Louis Vuitton, Gucci, Versace, Chanel, Valentino. De cremes, então, empanturrei uma mala só de Victoria's Secret. Sem contar o musical a que fomos assistir, o restaurante maravilhoso em que eu e o Otavinho jantamos à luz de velas e as noites de amor que tivemos. Um verdadeiro Cirque Du Soleil na cama. Ui!

Thaís respirou.

– Não teve tristeza que pudesse resistir a tudo isso. Agora, você, continua aqui nessa casinha mequetrefe, naquele trabalhinho insignificante, namorando o invisível e usando essas roupinhas cafonas de quinta categoria. Eu, pelo menos, agora tenho dinheiro para curar qualquer tristezinha boba que pintar. E o que é mais importante: tenho alguém para amar. E você?

Vanessa havia sido, sim, atingida na alma. Mas procurou se controlar, se demonstrasse fraqueza seria a derrota total.

– Bye, bye querida. Bye bye – finalizou Thaís com um

aceno desdenhoso.

Por aquilo, Vanessa não esperava. Mas nada de esmorecer, haveria ainda um jeito de dar o troco naquela fingida e mimada, um bem maior do que ela havia feito por ter-lhe roubado o namorado.

Naquela noite, Vanessa teve de confessar a si mesma que tudo aquilo que sua ex-falsa-amiga lhe dissera, havia realmente atingido e magoado seu coração. Foi preciso tomar um bom chá de camomila para relaxar e mais um Pasalix, para poder dormir tranquilamente. Não demorou muito e logo estava a bocejar, cochilando no sofá. Apagou ali mesmo e só despertou horas depois, ouvindo um zum-zum-zum do lado de fora de sua casa. Vanessa abriu os olhos, assustada. Parecia um bando de gente rezando. Ela só podia estar delirando. Já passara da meia-noite, ninguém estaria na rua àquela hora, fazendo uma oração.

Tomada de súbito pânico, Vanessa começou a rezar um Pai Nosso. Não tinha coragem de chegar até a janela para ver o que estava acontecendo. Por fim, as vozes cessaram e quando ela finalmente foi espiar a rua, não havia ninguém ali. Interrogação total.

Ao contar para Arlete, no dia seguinte, durante o trabalho, a amiga também se arrepiou.

– Não havia mesmo ninguém?!

– Ninguém, Arlete! Eu juro!

– Que coisa mais estranha.

– Também achei. Você acha que pode te sido alucinação da minha parte ou espíritos?

– Amiga, não sei! É melhor você mandar o padre benzer a sua casa.

– Você tem razão.

– E os vizinhos, ninguém comentou nada?

– Depois de vender suas casas, a maioria já se mudou. Os únicos que ainda estão ali são Dona Gertrudes e Seu Clécio, mas ambos são surdos que nem uma porta.

– Vixe!

79

E o mistério permaneceu.

Dias depois, Vanessa novamente acordou com vozes vindo do lado de fora da casa. Eram pelos menos umas cinco vozes e elas pareciam estar orando em conjunto. Muito estranho. Mais uma vez, ela se viu atemorizada, pensou em chamar a polícia para averiguar e, quando se decidiu por fazer, resolveu dar uma espiada pela fresta da janela da sala, antes de pegar o telefone.

Havia um grupo de mulheres, cinco delas, com um manto sobre suas cabeças, orando como se fossem velhas bruxas no tempo da Inquisição.

– Que diabos é isso? – resmungou Vanessa consigo mesma.

Sem pensar duas vezes, ela abriu a porta da frente da casa, acendeu as luzes do seu pequeno jardim e perguntou, a toda voz:

– O que as malucas estão fazendo aí?

Uma das mulheres olhou para ela, endereçando-lhe um olhar de esguelha, sem parar, por momento algum, o que dizia, como em forma de mantra.

– Se vocês não me responderem, suas malucas, chamo a polícia agora mesmo.

Nem foi preciso. Naquele instante, uma viatura ia passando pela rua e quando viu o aglomerado de mulheres, parou.

– Algum problema? – perguntou um policial bonitão.

– Essas mulheres – respondeu Vanessa indo até o portão. – É a segunda noite que aparecem aqui para perturbar o meu sono.

– Quem são vocês? – inquiriu o policial olhando severamente para as supostas beatas.

Uma delas respondeu:

– Estamos aqui em nome do Senhor.

– Em meu nome?

– Em nome do Senhor.

– Está tirando uma de mim, mulher?

– Mas é verdade. Estamos aqui em nome do Senhor.

– Eu jamais pedi a vocês para virem aqui...

– Não mesmo! Ainda assim, viemos em nome do Senhor.

– Vou levá-las presas por desacato a autoridade.

– O Senhor não permitirá!

– Vou, sim.

– Vai, não.

Outra reagiu:

– O senhor é muito grosseiro, sabia?

– E vocês são umas mentirosas.

– Mentirosas, nós? Não mesmo, meu senhor.

O policial bufou.

– Vou liberar vocês cinco, se prometerem não mais importunar a dona dessa casa.

As cinco mulheres se entreolharam.

– E nunca mais digam que vieram aqui por minha causa.

– Está bem. Mesmo porque, viemos em nome do Senhor.

– Oh, meu Deus...

Uma então apontou para os céus:

– Viemos em nome do Senhor.

Só então o policial compreendeu o que as supostas beatas estavam tentando lhe explicar.

– Ah, sim – o policial abriu um sorriso, avermelhando-se todo. – O Senhor!

E ele também apontou para o céu.

– Exato.

Vanessa perguntou a seguir:

– Essa história está muito mal contada. Porque o Senhor pediria a vocês para orar na porta da minha casa?

As mulheres fizeram uma careta e foram se retirando.

– Não vão responder? – enervou-se Vanessa erguendo a voz.

O policial que aguardava no carro, saiu do veículo e foi até lá.

– Essas mulheres aí, na minha opinião, são maluquinhas.

Vanessa arqueou a sobrancelhas.

– Essa história está muito mal contada.

O policial bonitão inquiriu:

– A senhora fez alguma coisa contra uma delas?

– Eu nem as conheço.

– Haveria então algum outro motivo para elas estarem aqui?

– Não, certamente que... – Vanessa parou. – A casa... É por causa da casa.

– O quê?

– É uma longa história, policial. Amanhã eu resolvo. Grata pela atenção. Boa noite.

E os dois bonitões da justiça observaram atentamente Vanessa voltar para dentro de casa. Então, um piscou para o outro e o mais bonito deles disse, baixinho:

– Eu mandaria essas beatas orarem para que essa aí se casasse comigo. Baita mulherão, sô.

– Fiu fiu.

Entraram na viatura e partiram.

Dia seguinte, sete da manhã, Vanessa bateu na porta de Henrique Pasquale.

– Vanessa?! – atendeu ele, ainda de pijama e com o mau hálito da noite.

– Foi você, eu sei.

– Eu?!

– Não se faça de cínico. Você mandou aquelas velhas na minha porta, para fazerem alguma mandinga para que eu venda a bendita casa para a construtora. Foi ou não foi?

Ele novamente bocejou e coçou o pescoço.

– Admita, Henrique.

Ele fez uma careta e acabou confessando:

– Fui eu sim, Vanessa. Estou numa situação delicada. Você sabe disso.

– Problema seu.

– Se você não vender....

– Já sei, já sei! A construtora não te paga. Você já me contou.

– Eu tô na pior, Vanessa. Se eu tivesse numa boa, não a perturbaria mais com essa história. Eu juro!

Vanessa o encarou friamente e respondeu:

– Você pode ajoelhar aos meus pés, suplicando aos prantos que eu mude de ideia e, mesmo assim, não mudarei. Fui!

– Vanessa!

Nisso, Magali Pasquale se juntou ao marido:

– Ela é mesmo uma vagabunda. Vou dar um jeito nisso.

– Magali, deixa quieto.

– Não, Henrique. Já esperei demais. Vou tomar uma providência. Deixe comigo.

– Não vá criar problemas ainda piores para nós, Magali. Nossa situação é delicada.

A intenção da mulher era atropelar Vanessa Palomino, porque, com ela morta, não haveria mais empecilhos na compra de sua casa. Era isso ou a falência do marido.

Capítulo 12

Mais uma vez, Vanessa estava de volta ao salão de beleza do Nino de Assis. Logo ela foi saudada com grande alegria pelo cabeleireiro, pois era de praxe, por parte dele, receber muito bem suas clientes.

Ao ser levada para lavar os cabelos, Vanessa se surpreendeu ao avistar Eurídice Santana, irmã de Leonardo Santana, também se preparando para um corte de cabelo.

— Vanessa, meu bem, como vai? – cumprimentou a mulher que sempre fora muito simpática com ela.

— Muito bem, Eurídice e você?

— Ótiminha, meu anjo. Ótiminha!

Vanessa se sentou no local indicado, enquanto aquela que poderia ter sido sua cunhada falou:

— O Leonardo está vindo para cá nesse fim de semana. Um desses programas de TV, acho que do Gugu, se não me engano, quer fazer uma reportagem na cidade onde ele nasceu. Por isso estou aqui, dando um trato nos meus cabelos, pois certamente vão filmar a família do artista e tenho que ficar linda, não acha?

— Você já é linda de qualquer jeito, Eurídice – mentiu Vanessa para ser simpática.

— Bondade sua, Vanessa. Se bem que, pra idade em que estou, eu ainda me acho muito gata. Gatérrima!

— Tá vendo!

Breve pausa e Eurídice quis saber:

— Você não sente falta dele?

— Dele?! – espantou-se Vanessa.

– Do Leonardo, vocês formavam um belo casal. Ele era tão apaixonado por você...

– Se fosse mesmo não teria me dado um pé.

– Foi por causa da carreira, Vanessa. Ser cantor de dupla sertaneja não é fácil. É uma vida bem corrida.

– Mas muito cantor sertanejo, acho que a maioria, pelo menos, tem esposa, mesmo levando a vida corrida que leva. Além do mais, o Leonardo já está com outra faz tempo, uma jovem de 17 ou 18 anos, se não me engano. Vi na revista.

– Sabe como são os homens, não é mesmo?

– Se sei.

– Senti mágoa no seu coração.

– Mágoa, eu? Não Eurídice, mágoa não!

– Rancor?

– Nem rancor.

– De qualquer modo, vou dizer ao Leonardo que te encontrei aqui, vai que ele te convida para participar da reportagem.

– Pelo amor de Deus, me tira dessa. Sou muito tímida, ainda mais diante das câmeras.

– Que nada, meu bem. Isso é pura falta de costume. Inclusive, eu já estou ensaiando diante das câmeras. Quero parecer o mais natural possível. Não vou fazer feio de jeito nenhum.

E erguendo a voz, tipo opereta, Eurídice Santana completou:

– A irmã de Leonardo Veloso, um dos sertanejos mais bonitos da atualidade, não pode fazer feio. Por falar em beleza, acho que o Leonardo é mesmo o cantor de dupla sertaneja mais bonito de todos, não acha, Vanessa?

– Você tem razão. O Leonardo é realmente lindo.

– Quase um metro e noventa de altura, umas pernas, uma bundinha. Fiu fiu! Se não fosse meu irmão, eu pegava!

Ela riu e quem estava ali perto, atenta ao falatório, também.

– Foi pela beleza, não foi? – perguntou Vanessa, enquanto algo sinistro se agitava em seu cérebro.

– O quê?!

– Que ele entrou para a dupla sertaneja. Porque convenhamos, Eurídice, voz, o Leonardo nunca teve. Mal sabia tocar violão.

– O Leonardo é a segunda voz, Vanessa, e os que fazem segunda voz, numa dupla, não precisam ter uma voz maravilhosa. Tampouco saber tocar um instrumento. Precisam ter mesmo é charme e ziriguidum.

– Ah, tá, ziriguidum.

– É sim.

Nova pausa e Eurídice completou:

– Antes que me esqueça de lhe contar. Eles também vão se apresentar na concha acústica da cidade. Será um show de não mais do que uma hora, só mesmo para poderem filmar a reportagem com a dupla.

– Interessante.

– A entrada será franca. Você vai, não vai?

– Eu? Por que eu iria?

– Ora, porque se trata da dupla sertaneja de sua cidade. E também porque você e o Leonardo foram namorados e...

Novamente algo se agitou no cérebro de Vanessa.

– Pensando melhor, Eurídice, acho que vou sim. Apesar de eu não gostar muito de música sertaneja, precisamos valorizar os artistas da nossa terra, não é mesmo?

– É isso aí. Tenho a certeza de que, se o Leonardo te ver, de cima do palco, vai te jogar um beijo e fazer um coraçãozinho com as mãos.

– Nossa!!! – exclamou Vanessa arrepiando-se só de imaginar a cena. – É tudo o que mais quero: um beijo e um coraçãozinho feito com as mãos. Arrasou, Eurídice! Arrasou!

E Vanessa sentiu seu sangue fervilhar de ódio. Só mesmo Eurídice, que não tinha nada na cabeça, para pensar isso dela. Nunca conhecera alguém tão fora da casinha quanto ela.

Por outro lado, encontrá-la foi excelente. Abriu-se uma oportunidade de vingança, contra aquele que também lhe prometera mundos e fundos, numa relação afetiva, e saiu de escanteio, sem dó ou piedade.

Ao reencontrar Arlete no trabalho, a mulher percebeu de imediato algo brilhando matreiramente no fundo dos olhos de Vanessa.

– Eu conheço essa cara.

Vanessa com bom humor brincou:

– Essa fala, esse cheiro...

Referindo-se à famosa canção *Chega Mais* de Rita Lee.

E ela continuou cantarolando, deixando Arlete Meneses curiosa:

– O que você aprontou dessa vez, Vanessa? Ou vai aprontar.

– Fala baixo.

– Então me diz.

Vanessa respirou fundo, sorriu e explicou o motivo por estar tão empolgada:

– É que descobri um jeito de me vingar do Leonardo Santana.

– O cantor da dupla sertaneja?

– O próprio. Esqueceu-se de que ele também foi meu namorado? Meu quarto e último namorado?

– É verdade!

– Pois bem. Já sei como ele vai receber o que merece por ter me feito de tonta. Aguarde. Logo, você também saberá. Acho que o Brasil inteiro vai ficar sabendo.

E um sorriso malicioso despontou no rosto de Vanessa Guimarães Palomino.

Capítulo 13

No fim de semana seguinte, a cidade estava em polvorosa por receber a dupla Leonardo Veloso e João Gil, uma das mais-mais do Brasil da época.

Até fãs das cidades vizinhas se dirigiram até lá para presenciar as filmagens e também o show que seria realizado na concha acústica da cidade.

O prefeito estava todo-todo, não por receber tão ilustres criaturas, mas porque iria aparecer na reportagem da TV. Pelo menos esperava aparecer.

O fã clube número um da dupla também estava presente. O final de semana em Araraquara prometia.

A concha acústica estava lotada e o show da dupla foi, como sempre, apreciado por todos, que cantaram juntos seus maiores sucessos.

Hoje eu estou aqui, de acordo com as minhas regras e desejos
Já não sou mais seus beijos, nem os meus são os mesmos
Lutamos tanto pra ter alguém
Que esquecemos de nos fazer bem
É o maior fim do mundo
Perder o mundo por quem não te quer
Se vai nessa, vá depressa que eu vou seguir
Por outros mares e outros lugares
Preciso me redescobrir
Se vai nessa, vá depressa que eu vou seguir
Por outros pares e novos ares.
Ainda te curto a beça
Mas eu preciso é se feliz

Outra canção que empolgou a plateia foi "O teu olhar".

O teu olhar tatua flores na minha alma
Flores que me acalmam
O teu olhar me revela o que é surpreendente
É uma viagem além da gente
Me faz melhor me faz feliz. Me levanta o astral
É como ser um arco-íris. É algo sem igual
O calor que o seu amor provoca em mim. É inenarrável
O calor que o seu amor provoca em mim. É insuperável.

Não teve quem não cantasse junto com a dupla, pois a maioria conhecia a letra dessa música.

Quase no final da apresentação, Leonardo dedicou a canção *Nunca te esqueci* para Vanessa Palomino, já que Eurídice havia lhe dito que a moça estaria na plateia.

Eu me mudei pro Havaí pra te esquecer, mas nunca te esqueci
Eu fui andar de jet-ski pra te esquecer, mas nunca te esqueci
Acabei bebendo todas pra te esquecer, mas nunca te esqueci
Eu me perdi em muitas bocas pra te esquecer, mas nunca te esqueci...
Mulher igual a você, eu nunca vi!

A dedicatória surpreendeu Vanessa, porém não abrandou seu desejo de vingança.

Ao término do show, para atingir sua meta, Vanessa se aproximou do camarim improvisado atrás da concha acústica e quando Eurídice a viu, imediatamente puxou-a para junto deles.

– Vanessa! – exclamou Leonardo, parecendo verdadeiramente feliz por revê-la. – Que bom ter você aqui.

Abraçou-a e beijou-lhe o rosto, calorosamente. Diante das câmeras, falou:

– Essa é a Vanessa Palomino, para quem eu dediquei a canção *Nunca te esqueci.*

E fazendo pose novamente, o cantor sertanejo enlaçou a

moça e a beijou na testa. A repórter então se voltou para Vanessa, como de praxe, para lhe fazer perguntas sobre Leonardo.

– Fui namorada dele, sim – explicou Vanessa com voz angelical. – A última namorada que ele teve, antes de ir embora da cidade.

Os fotógrafos tiraram mais fotos e Leonardo fez novamente caras e bocas.

– Como é, para você, ter um ex-namorado famoso? – perguntou o repórter a seguir.

– Mas ele já é tão famoso? – retrucou Vanessa cinicamente.

Leonardo riu.

– Essa é a Vanessa que eu conheço. Sempre bem-humorada.

Ele abraçou novamente a moça e a beijou na testa.

– Vocês namoraram por muito tempo? – foi a próxima pergunta do repórter.

– Três anos. Tempo suficiente para eu descobrir que o Leonardo não era lá essas coisas.

O cantor novamente riu, avermelhando-se um pouco. Vanessa continuou, ferina:

– Falo sério. Não é brincadeira, não! O Leonardo nunca foi lá essas coisas que todos pensam... Se é que me entendem. Por isso digo, sem sombra de dúvidas, quem saiu perdendo foi ele, não eu.

Todos olharam com mais atenção para ela e Leonardo riu, por achar que ela estava brincando. Vanessa novamente falou:

– Parece chocante o que eu digo, não é mesmo? Mas é a mais pura verdade: quem saiu perdendo foi ele, não eu. Porque eu, sim, era ótima para um relacionamento, enquanto ele...

Choque total.

– Vanessa, o que é isso? – inquiriu Leonardo sem perder a compostura. – Ela está brincando. Sempre foi muito brincalhona.

– Não é brincadeira, não! – defendeu-se Vanessa mais uma vez. – É a mais pura verdade e você sabe muito bem do que eu estou falando, Leonardo. Pra aquelas coisas, você foi sempre mais lento. Sempre um meia-boca.

E voltando a encarar a câmera, Vanessa atacou:

– Todos pensam que por ele ser alto assim, quase um metro e noventa... Ter pernonas, bundona e calçar 44, ele... – ela fez cara de desânimo. – Infelizmente não é nada disso. É um Kinder Ovo cujo interior decepciona. Deve ser por isso que se espalhou pela cidade sua fama de gay.

Dessa vez, Leonardo perdeu a paciência:

– Vanessa, você está sendo inconveniente.

Ela não se deixou abater.

– Leonardo, sejamos francos, sua fama de gay sempre foi muito grande na cidade. Tanto que muitas pessoas vieram me alertar, enquanto estávamos namorando. Eu o defendia, mas depois da gente ter... Comecei a suspeitar...

– Chega! – o cantor perdeu totalmente a compostura. – Tirem essa mulher daqui. Está querendo me difamar com mentiras.

– Mas Leonardo... – Vanessa tentou se defender mais uma vez.

– Não diga mais nada, Vanessa. Vá embora daqui, por favor.

– Eu vou, mas sua má fama fica.

Visto que Vanessa não se movia, Leonardo fez sinal para os seguranças tirarem-na dali.

– Não precisa – defendeu-se a moça. – Eu mesma saio. Além do mais, será um prazer ir embora.

E de rosto erguido, ela partiu.

Diante do bafafá, Eurídice correu até Vanessa.

– Querida, o que houve?

Vanessa respondeu sem rodeios:

– Disse umas verdades sobre o seu irmão e ele não gostou. Me expulsou daqui. Melhor assim.

– Que verdades foram essas, Vanessa, a ponto de ele agir desse modo com você?

Percebendo que havia repórteres atentos, naquele instante, Vanessa aproveitou novamente a chance para se vingar um pouco mais do ex-namorado.

– Verdades, Eurídice? As que todos na região já estão carecas de saber. Que teu irmão não manda bem na cama e deve ser por isso que tem fama de gay.

Eurídice engoliu em seco.

Nesse meio tempo, Leonardo Santana, conhecido artisticamente pelo nome de Leonardo Veloso, vermelho de raiva e constrangimento, tentava apagar o incêndio provocado por sua ex.

– Não sou gay, não! – dizia para os repórteres e câmeras. – Sou é muito macho! Pode perguntar para qualquer outra mulher com quem eu tenha ficado. Sei lá o que deu na Vanessa, deve estar querendo se promover às minhas custas.

E voltando-se para o diretor do programa, Leonardo chamou-o de lado para lhe pedir que cortasse aquele desagradável episódio, na hora de editar o programa. Mas ali não estavam somente os repórteres e câmeras do programa de TV em questão; repórteres de jornais locais e de outras cidades da região também estavam presentes e, por isso, a notícia virou manchete nos principais jornais e logo foi publicada nas revistas e sites mais sensacionalistas e de fofoca da época.

A vida de Leonardo se complicou ainda mais quando outras duas mulheres, que já haviam ido para cama com ele, declararam que Vanessa Palomino estava bem certa sobre o que dissera. Leonardo Veloso era mesmo um fiasco na hora H. Com isso, Leonardo virou piada nacional.

O sujeito queria morrer de vergonha. Na esperança de abafar o caso, ele encarecidamente pediu à atual namorada que o defendesse perante a imprensa. A jovem, de família muito tradicional, extremamente religiosa, respondeu que não podia fazer aquilo, seria uma afronta para seus pais, se descobrissem que ela já havia ido para a cama com o namorado. Todos haveriam de pensar que ela se casaria virgem e ponto final.

Leonardo insistiu para que a jovem mudasse de ideia. Era preciso, sua má fama não podia continuar se espalhando daquela forma. Com isso, ele perderia muitas fãs. Que ela o ajudasse. Por fim, depois de muito refletir a respeito, a jovem que não era boba nem nada, pediu dinheiro em troca da sua gentileza.

– Você está me subornando, Renata?

– Quero uma garantia, Leonardo. Vai que você enjoa de

mim e me dá um pé que nem fez com a Vanessa. Você melhora a sua fama por minha causa, fica numa boa, enquanto eu fico sem nada. Preciso me garantir.

Depois de pedir opinião ao seu empresário, Leonardo achou por bem pagar a soma que a namorada pedia, para que ela falasse a seu favor.

– Está bem, Renata. Vou depositar a grana na sua conta. Tome isso como um presente meu.

Ela agradeceu.

– Passe o número da conta, do banco, seu CPF e tudo mais que é preciso.

– Okay.

Ele procurou sorrir para ela, mas era nítido em seus olhos que já não havia mais o mesmo fascínio de antes.

– Você não vai me perguntar o valor? – questionou ela a seguir.

– Nem preciso, pois vou depositar muito mais do que você me pediria. Dez mil reais. Nem precisa me agradecer.

A jovem riu.

– É uma bela quantia, não é?

Ela novamente riu.

– O que foi?

– Você acha mesmo que eu iria pedir dez mil reais?

– Sei que não, mas quis lhe fazer um agrado.

– Não seja estúpido, Leonardo. Eu jamais lhe pediria dez mil reais para defendê-lo diante desses boatos.

– Sei que não, mas receba essa quantia como um presente meu.

– Você não está me entendendo. Não quero somente dez mil reais. O que eu vou fazer com apenas dez mil reais? Quero pelo menos uns trezentos e cinquenta mil reais. Quero comprar uma casa para mim. Garantir um teto sobre a minha cabeça.

– Você pirou, né?

– E você está pensando que eu sou boba?

– Sei que não é, mas você está pensando que eu sou um otário.

A jovem respirou fundo para manter a calma:

– Escuta aqui. Ou você deposita o que estou te pedindo, ou nada feito. Esse dinheiro pra você é mixaria. Cada show seu rende no mínimo cinquenta mil reais.

– Mas o dinheiro não é só meu. Com essa quantia se paga os músicos, a produção do show, o resto é dividido com o João, e o empresário fica ainda com trinta porcento.

– Mas para quem faz uma média de 20 shows por mês...

– Você está querendo se aproveitar de mim, Renata.

– Veja por outro lado. Se você realmente pretende se casar comigo, os 350 mil reais voltarão para as suas mãos.

– Como assim, voltarão?

– Voltarão, porque tudo que é da esposa é do marido, e o que é do marido é da esposa.

– Só porque você quer, Renata. Não vou me casar com comunhão de bens.

– Ah, não? Entendi – a jovem bufou. – É pegar ou largar. Você escolhe.

– Estou muito decepcionado com você, Renata. Você é bem interesseira. Não havia notado isso.

– Bom. Eu já lhe apresentei os meus motivos. É pegar ou largar!

Leonardo novamente consultou seu empresário. O sujeito o aconselhou a se casar com a jovem, pois isso também ajudaria a melhorar sua fama.

Leonardo se mantinha fulo diante de tudo aquilo. O estrago que Vanessa Palomino fizera em sua vida parecia ganhar proporções sem fim. Ele queria esganá-la.

Depois do dinheiro depositado na conta da jovem, Renata Bueno chamou a imprensa para falar em defesa do namorado. Alguém acreditou na moça? Quase ninguém. Só mesmo as fãs ardorosas do cantor.

Por outro lado, o escândalo envolvendo o nome do cantor serviu para promover a dupla em todos os sentidos. Prova, mais uma vez, que a vida particular dos artistas chama muito mais atenção do público do que a carreira ou talento.

***

Ao passar novamente por Araraquara, Leonardo Santana procurou Vanessa Palomino em sua casa. Ao vê-lo diante do portão, com os olhos vermelhos de raiva, ela não se deixou intimidar:

– Leonardo?! Mas que surpresa mais agradável.

O moço foi direto ao ponto:

– Sabe o que você é, Vanessa? Uma frustrada, encalhada e solitária. Por raiva disso tudo, quis me difamar.

– Leonardo, meu querido, eu não disse nenhuma mentira.

– Você me odeia, não é? Por eu não ter ficado com você, por ter-lhe prometido casamento e desistido na última hora. Por ter optado priorizar a minha carreira artística; oportunidade que eu tinha de agarrar na ocasião, pois sorte como essa, não despenca na nossa cabeça duas vezes na vida. Priorizei sim, para garantir o meu futuro. Isso não quer dizer que eu não te amava.

– Amava nada, Leonardo, se me amasse, teria me levado com você.

– Eu não podia.

– Podia, sim! Quem ama de verdade, é capaz de mover montanhas em nome desse amor. Você não me quis para ficar livre e dar em cima das garotas que iam babar por você ao se tornar famoso. Foi ou não foi?

– Na ocasião, o empresário me disse que um cantor sertanejo solteiro atrai muito mais fãs do que um casado. Porque alimenta o sonho das mulheres de conquistá-lo. Ouvi seu conselho.

– No entanto, arranjou namorada logo depois de ter me dado um pé.

– Aconteceu. Sou homem, sabe como é.

– Conta outra!

– Além do mais, Vanessa, você não tinha perfil para ser esposa de um cantor famoso de dupla sertaneja.

– Nossa! E qual é o perfil da mulher ideal para... Deixa pra lá!

Breve pausa e, ainda furioso pelo estrago que Vanessa havia feito em sua vida, Leonardo falou:

– Você pode ter tentado me destruir, mas o tiro saiu pela culatra. Graças a você, a dupla da qual faço parte está em maior evidência. Nunca ganhou tanto destaque na mídia como agora. E todo esse destaque foi de graça, o que é melhor.

Perfurando os olhos dela com os seus em chamas, Leonardo Santana completou:

– Eu vou continuar famoso, Vanessa. Pelo visto, ainda mais do que antes. E você? Eu mesmo respondo: você vai continuar aqui, solitária e infeliz. Uma solteirona que logo estará caduca, de revolta, por ter acabado só.

Vanessa não se segurou, deu-lhe um tapa na cara.

– Some daqui!

Ele riu, matreiro:

– Com muito prazer, Vanessa. Com muito prazer!

Ele já ia se retirando quando ela berrou:

– Sua fama pode aumentar horrores, seu dinheiro também, mas aquilo, não! Nem com cirurgia.

E Leonardo se segurou para não voltar até ela e agredi-la com palavras ou até mesmo, com a força bruta. Pegou seu carro e partiu, rangendo os pneus.

Na semana seguinte, a dupla Leonardo Veloso e João Gil compôs uma canção como resposta às acusações de Vanessa Guimarães Palomino.

Você quis se vingar de mim só porque sua vida ficou ruim
Mas sua vingança só me fez bem, meu bem...
Me deixou muito mais famoso, muito mais gostoso
Tô quase conquistando um harém
Tenho pena de você, tenho sim
Todo Brasil também tem pena, que ruim!
Vá nessa... Vá nessa!
O teu caso requer pressa!

É obvio que a frase "Vá nessa" era um trocadilho com o nome Vanessa. Tanto que o cantor pronunciava as duas palavras de forma mais fechada, justamente para soar o nome próprio como tanto queria. Se Vanessa se irritasse com aquilo e o processasse, ele teria como se esquivar da justiça, uma vez que na letra da canção não constava o nome da moça.

Ao ouvir a canção, Vanessa ficou furiosa, exatamente como Leonardo queria. Com isso, a fama dela também cresceu em todo Brasil, pois todo mundo queria conhecer melhor a ex-namorada do cantor que tivera a coragem de expor sua vida daquela forma.

Dias depois, Vanessa deixava seu expediente na prefeitura, quando foi abordada por repórteres que aguardavam para entrevistá-la.

– Você fez tudo isso por vingança? Porque ele te deu um pé? Foi ou não foi?

– Você ainda o ama, não? Se não o amasse, não teria se importando tanto em se vingar dele, concorda?

– O Leonardo era mesmo ruim de cama ou você só disse aquilo para se promover às suas custas?

– Se ele voltasse para você, você o aceitaria de volta?

Eram tantas perguntas, Vanessa já estava se sentindo zonza.

Ouviu-se então a voz aguda e ardida de Thaís Albuquerque soar:

– Essa mulher é uma bandida!

Todos se voltaram para ela que, parada na calçada, fulminava Vanessa com os olhos.

– Agora entendi qual é a sua jogada – prosseguiu Thaís furiosa. – Você quer se vingar dos seus ex, por isso disse tudo aquilo a respeito do Leonardo, porque não se conforma que ele te deu um pontapé. Da mesma forma que não se conforma com o Otavinho, que preferiu a mim e descartou você. Estou quase certa de que tudo aquilo que aconteceu em meu casamento foi culpa sua. Quando eu conseguir provar...

Pra quê? Os repórteres se voltaram totalmente para Thaís Albuquerque que aguardava na porta da prefeitura, exatamente para tirar satisfações com Vanessa, depois das conclusões a que chegara.

Thaís então contou a todos a respeito dos incidentes em sua

97

festa de casamento. Logo, Vanessa ganhou novo destaque na mídia, sendo chamada por todos, a partir de então, de a "Mulher que decidiu se vingar dos seus ex".

Para piorar a situação, Magali, esposa de Henrique Pasquale, procurou a imprensa para relatar o que Vanessa estava fazendo com seu marido.

E novamente Vanessa Palomino virou o centro das atenções em todo o Brasil.

"Ela está certa", defendiam-na muitas mulheres. "É assim mesmo que uma mulher deve tratar um ex que a enrolou, prometendo mundos e fundos e lhe deu um pé."

"Ela ainda fez pouco!"

Ao saberem que Thaís Albuquerque havia tirado despudoradamente o namorado da amiga, muitas mulheres também se voltaram contra ela.

"É uma safada, sim! O que aconteceu em seu casamento ainda foi pouco. Ela merecia muito mais!"

Enquanto isso, a dupla sertaneja Leonardo Veloso e João Gil passava a cobrar de cem a cento e vinte mil reais por show. A renda da dupla dobrou graças à vingança de Vanessa Palomino.

Toda vez que eles apareciam na mídia e um repórter perguntava a Leonardo sobre o caso, ele, fingindo ótimo humor, fazia um coraçãozinho com as mãos e mandava um beijo para Vanessa. Um beijo cínico, fingido, que tinha o único propósito de irritá-la.

Desde então, todos em Araraquara olhavam com maior atenção para Vanessa e os homens que pensavam em namorá-la, desistiam, por medo do que ela pudesse lhes fazer, caso terminassem o namoro com ela.

Capítulo 14

Diante dos fatos, Arlete Meneses conversou com a amiga:

– Como você se sente depois de ter se vingado dos três? Está feliz?

– Sim, muito. Quem disse que a vingança é um prato que se come frio, errou, redondamente. É um prato quente, muito quente e saborosíssimo. Provei e posso garantir.

– Que bom! – exclamou Arlete olhando com certa admiração para Vanessa. – Eu jamais teria tido a coragem de fazer o que você fez.

– Pois é...

Ela riu.

– Pelo que me recordo, só falta um agora, não é mesmo?

– Um?!

– Ora, Vanessa. Um namorado para você se vingar. O último e mais importante de todos: Ricardo de Freitas Rodrigues. Seu primeiro namorado, não é isso? Não vá me dizer que havia se esquecido dele? Você mesma me contou do que ele foi capaz de fazer...

– Sim. Convenceu-me a perder a virgindade, fazendo-me acreditar que casaríamos e seríamos felizes para sempre. A otária aqui, acreditou piamente nele que me descartou, tempos depois, feito um bagaço de laranja.

– Pois é... Você sofreu horrores na ocasião.

– Sofri mesmo, sofri porque... – ela rapidamente mudou o que ia dizer: – É que depois de tudo que passei com o Leonardo, não creio que eu deva continuar com essa história de vingança.

– Mas sua vingança não estará completa, se você não se vingar de todos, não é mesmo? Pelo menos é o que dizem nos romances, novelas e folhetins.

– Eu sei, mas...

Diante do olhar arguto de Arlete, Vanessa se assustou:

– O que foi? Por que me olha assim?

– Preciso mesmo dizer?

– Diga! Pois não estou entendendo.

– Ora, ora, ora, Vanessa. Não se faça de boba. Depois de tudo que aprontou com seus ex, sei bem que você é uma mulher muito esperta.

– Sou mesmo. Pelo menos, penso que sou.

– Então...

– Então o quê, criatura?

Vanessa corou e logo ficou vermelha como um tomate suculento em uma salada com molho italiano.

– Oh, minha amiga, minha amiga... – Arlete enlaçou Vanessa, carinhosamente. – Pelo visto você ainda gosta dele, não é? Apesar de tudo o que ele lhe fez, você ainda tem sentimentos por ele. Está explícito em seu olhar.

Com olhos marejados, Vanessa Palomino admitiu:

– O Ricardo realmente mexeu comigo.

– Muito mais do que os outros, pelo visto.

– Sim! Admito que sim. Toda vez que me lembro dele, é inevitável não pensar no que minha vida poderia ter sido, se tivéssemos casado. Acho que eu seria a mulher mais feliz do mundo.

– Mentira! – retrucou Arlete no mesmo instante. – O Ricardo continuaria sendo um crápula como mostrou ser.

– Será?

– Tenho a absoluta certeza. Homem não muda.

– Será?!

Arlete confirmou o que dissera, balançando positivamente a cabeça:

– Ele não a merecia, Vanessa. Não mesmo. Você o amou de verdade, pelo visto, ainda o ama e ele, no entanto, um canalha, nato.

– É verdade – Vanessa suspirou. – Por isso é melhor esquecê-lo, levar minha vida em frente que eu ganho mais. Além do quê, hoje ele mora noutra cidade, o que dificultaria para mim, qualquer tipo de vingança. Mudou-se para São José do Rio Preto, depois que se casou com a filha do dono daquela empresa famosa de cervejas e refrigerantes. Eu teria de ir até lá para tentar descobrir algo que pudesse ser usado contra ele, como vingança, o que me tomaria tempo e dinheiro. Não tenho condições. O certo seria eu me vingar por tudo que ele foi capaz de fazer comigo. Mas...

– Mas você ainda gosta dele – arrematou Arlete olhando com pena para a amiga.

– Você não me ouviu, Arlete? Ficaria inviável para mim...

A amiga nem deixou a outra terminar:

– Você ainda o ama, por isso quer poupá-lo de qualquer tipo de vingança.

– Será?

– É logico que sim, Vanessa. Está implícito em suas palavras. Explícito em seu olhar.

Vanessa quedou, pensativa.

– Mas devo concordar com você. Chega de vingança, esqueça todos os seus ex, especialmente esse, e abra seu coração para um novo amor.

– Abrir meu coração, Arlete? Não me faça rir. Há tempos que meu coração anda escancarado e nem uma mosca sequer pousou nele.

– Não exagere.

– É verdade.

Arlete riu e Vanessa também, mas era um risinho triste.

– Quero muito o seu bem, Vanessa. Muito mesmo! Quero vê-la feliz ao lado de um cara que realmente a mereça. Você é bonita, agradável, inteligente. Um doce de pessoa.

– Não, Arlete. Depois de tudo o que fiz, já não sou mais um doce de pessoa. Minha entrada no céu, certamente, será negada quando eu lá chegar.

– Que nada. Você apenas devolveu para esses caras, o que eles mereciam receber. Eles plantaram o mal, colheram o mal.

– É, mas com o último, o tiro saiu pela culatra. Graças a mim, a fama dele e do parceiro como dupla sertaneja, cresceu radicalmente no país. Soube que estão cobrando o dobro pelos shows, depois do escândalo. Tudo graças a mim!

– O Leonardo lhe deve muito, então.

– Jamais vai reconhecer isso.

– Infelizmente. Mas bola pra frente, minha amiga. Você agora precisa se alegrar, se embelezar e arranjar um novo amor.

– Quem vai querer me namorar, depois que a mídia me chamou de "A mulher que se vingou dos seus ex-namorados?". "Não se metam com ela, porque, no final, ela se vinga", foi uma das manchetes a meu respeito.

– Bobagem. Os homens não dão bola para isso. Para alguns pode até ser interessante.

– Será?

– O tempo dirá. De qualquer modo, mantenha-se otimista.

– É o que eu tenho feito a vida toda, Arlete. A vida toda.

No dia seguinte, Vanessa acordou disposta a ir à missa na igrejinha perto da sua casa e quando lá chegou, logo virou o centro das atenções. Homens a olhavam com malícia, algumas mulheres com admiração, outras com descaso, afinal, vingança é pecado, Deus ensina o perdão, não a vingança.

Ao vê-la na igreja, o padre resolveu mudar seu sermão do dia. Optou pelo tema vingança, por achar mais apropriado, diante de todo o fuxico das últimas semanas.

– José – começou o padre, após tirar um pigarro da garganta.

– Todos, sabem, foi vendido pelos irmãos e levado para o Egito como escravo. Lá, José passou poucas e boas, enquanto também alimentava em seu coração, rancor pelos irmãos, pelo que lhe fizeram. O pai de José quase morreu de desgosto pelo desaparecimento do filho. Algo que também entristeceu seus irmãos, visto que haviam vendido José, na esperança de que o pai lhes desse mais atenção.

Anos depois, os irmãos são coincidentemente levados à presença de José que, na ocasião, ocupava um posto de grande destaque e respeito no Egito Antigo. Nesse momento, José vê a oportunidade de se vingar de seus irmãos pelo que lhe fizeram. Mas ele se vinga? Ou ele acaba ouvindo a voz do coração, ou seja, a voz que vem de Deus?

O padre novamente endereçou um olhar severo para Vanessa que se encolheu toda de vergonha.

– Então, meus filhos – prosseguiu o padre em tom severo. – Antes de seguirem qualquer instinto vingativo, devem se lembrar dessa história e ouvir Deus no coração.

É obvio que as palavras do padre haviam sido endereçadas a Vanessa. Qualquer um perceberia aquilo, tanto que muitos se voltaram para ela, descaradamente e, naquele instante, o que Vanessa mais queria, era se transformar numa avestruz, só para enterrar a cabeça num buraco qualquer e evitar encarar aquilo.

Naquela noite, ao voltar para casa, Vanessa se percebeu melancólica e saudosista. As palavras de Arlete Meneses ainda ecoavam em sua memória. Ela se referia a Ricardo de Freitas Rodrigues:

"Oh, minha amiga, minha amiga... Pelo visto você ainda gosta dele, não é? Apesar de tudo o que ele lhe fez, você ainda tem sentimentos por ele. Está explícito em seu olhar. ...Você o amou de verdade, pelo visto, ainda o ama... Por isso quer poupá-lo de qualquer tipo de vingança. Está implícito em suas palavras. Explícito em seu olhar".

Arlete estava certa, muito certa. Isso fez Vanessa se recordar dos bons momentos que tivera ao lado de Ricardo de Freitas Rodrigues, seu primeiro namorado. Dos passeios que fizeram em lindos dias de sol, dos bons filmes que assistiram no escurinho do cinema e da gentileza com que ele a tratava.

"Você está adorável, Vanessa", dizia ele, toda vez que se reviam.

"Você também, Ricardo."

"Estava com saudades."

"Eu também."

Então ele a beijava carinhosamente no rosto, provocando-lhe uma onda de calor intensa e apaixonante. Ela sempre suspirava de alegria toda vez que sentia os lábios dele tocando sua pele. Era bom demais. Simplesmente, apaixonante.

"O que foi?", sorria ele, olhando intensamente no fundo de seus lindos olhos castanhos.

"É que toda vez que você se aproxima de mim..."

Ela não conseguiu completar a frase, pois ele, sabendo bem do que se tratava, beijou-a novamente, só para prolongar a sensação de prazer.

"Não faça isso."

"Faço, faço, sim. Porque sou louco por você, Vanessa. Loucamente apaixonado!"

E ela ia sempre às alturas com suas declarações.

"Quero muito assistir ao filme vencedor do Oscar deste ano. Dizem que é muito bom!"

"Iremos."

Certo dia, enquanto os dois passeavam de mãos dadas, junto ao parque da cidade, Ricardo estranhou o silêncio repentino de Vanessa.

"No que meu amor está pensando?"

"Estava pensando no amor, Ricardo. No amor..."

"No amor?"

"Lembrei-me daquela canção do Erico Garrido, adoro ele."

Baixinho ela cantarolou um pedacinho da música.

Pensando em você
Vou chegando aonde ninguém mais vê
Vou pensando em te ver
No prazer que tanto nos dá prazer
E assim, sinto você perto de mim
Porque assim, a vida fica menos ruim
E além de tudo, com você topo qualquer absurdo
São coisas do amor, coisas que a gente não sabe explicar
Mas eu sei, com você tudo faz sentido
Ah, eu sei, com você são verões e tardes de domingo.

"É mesmo linda... Também gosto. A gente podia ouvir lá em casa, qualquer dia desses. Meus pais irão viajar na semana que vem, será uma ótima oportunidade."

"Mas não fica bem eu e você sozinhos na sua casa."

"O que é isso, Vanessa? Você não confia em mim?"

"Claro que sim. Mas se alguém nos vir... Vão falar. Ainda que não façamos nada de errado, falarão. Não quero ficar mal falada na cidade."

"E o que nós dois poderíamos fazer de errado, Vanessa?"

"Você sabe..."

"Nada que seja para nos envergonhar. Fazer amor é a coisa mais linda. Ainda mais com quem se ama."

"Você me ama, Ricardo?"

"Amo, amo muito."

"Mas a gente namora há tão pouco tempo."

"Para mim é o suficiente para eu saber que quero você para o resto da minha vida."

E ternamente ele a beijou, deixando-a novamente nas alturas.

Vanessa voltou para casa, naquele dia, sentindo-se a mulher mais feliz do mundo, estava completamente apaixonada por Ricardo de Freitas Rodrigues e tal como ele, desejava viver ao seu lado para o resto da vida.

A paixão era tanta pelo rapaz que Vanessa, com apenas 15 anos na ocasião, passou a caminhar pelas ruas, murmurando frases de amor, roubadas de poesias ou das letras das canções mais populares da MPB.

Em sua imaginação, ela via Ricardo chegando de braços abertos, louco de amor por ela, pronto para lhe dizer tudo aquilo que uma garota apaixonada e inexperiente no amor deseja ouvir: "Eu te amo", "Você é tudo pra mim", "Sem você, minha vida não faz sentido", "Sem você, não sou nada", "Com você, tudo se torna mais colorido", "Te amo... Mil vezes te amo", "Case-se comigo", "Quero tê-la para sempre, para todo o sempre ao meu lado...", dentre outras.

E ela se ouvia retribuindo suas frases de amor com beijos, risos, afagos e abraços. Vanessa era feliz ao lado dele, da mesma forma que ele parecia ser feliz ao seu lado.

Quando os pais de Ricardo viajaram para Foz do Iguaçu, onde aproveitariam para comprar umas muambas no Paraguai, o rapaz convidou Vanessa para ir até sua casa, onde poderiam ficar ouvindo música e namorando mais à vontade.

Ela quis dizer não, não ficaria bem uma adolescente como ela, sozinha com seu namorado numa casa solitária, mas a lábia do rapaz foi mais forte que seus pudores e temores; logo ela se viu concordando com a ideia, muito empolgada com o momento que estava por vir.

Não haveria também por que se preocupar, Ricardo sempre fora muito correto com ela, saberia respeitá-la entre quatro paredes.

Naquele dia, Vanessa se vestiu com muito mais cuidado. Desfilou com pelo menos quatro vestidos em frente ao pequeno espelho do seu quarto, para ver com qual ficaria melhor. Acabou escolhendo um cor de rosa, com estampas floridas num tom levemente azulado. Cores que realçavam ainda mais sua pele morena e delicada.

Depois, ela ousou fazer um penteado diferente para deixar seu rosto ainda mais bonito e destacado. Quando o namorado a apanhou em sua casa, não lhe poupou elogios merecidos. Ao chegarem na casa dele, Ricardo pediu à jovem que se sentisse à vontade, a casa era sua. Um lugar não muito grande, nem novo, mas extremamente aconchegante.

Em seguida, ele foi até o aparelho de som e pôs um CD para tocar. Então, afastou a mesinha de centro da sala, para que pudesse transformar o local numa pista de dança, estendeu a mão para Vanessa e tirou-a para dançar. Em seus braços, dançando romanticamente um "dois pra lá, dois pra cá", a jovem suspirava.

Já fiz minha escolha, não posso parar
De tudo na vida, você é o meu lugar

Já fiz minha escolha, minha escolha é você
Que tanto me ama, que tanto me quer
E os dias vão raiar e as noites vão brilhar
Por entre estrelas ao luar
Vamos brincar com a lua até marcar um gol
Pro universo, um gol, seremos um sucesso...
Por entre os planetas e outros sistemas
Por entre galáxias, voando sem asas
Por entre o ontem que nunca se perde
Por entre os desejos que nunca são breves. Eu vou, assim...
Nesse universo que nunca teve começo e nunca vai ter fim
Eu vou... Porque você está comigo, pelo infinito do amor.

"Adoro essa música", desabafou Vanessa, deliciando-se com o momento.

"E eu adoro você", respondeu ele, mirando seus olhos, até se perderem num beijo quente e audacioso. Ele então arrastou a namorada para o sofá, onde ficaram trocando beijos e juras de amor.

"Eu quero muito você, Vanessa, muito...", sussurrava Ricardo ao pé do seu ouvido.

"Eu também, Ricardo... Eu também."

De tão apaixonada, levou tempo para que Vanessa percebesse por onde as mãos do rapaz passeavam pelo seu corpo.

"Não!", disse ela sussurrante.

"Não tenha medo, meu amor. Sou eu, Ricardo de Freitas Rodrigues, esqueceu? Aquele que a ama e vai se casar com você. Então, não tema."

Até então, Vanessa nunca se permitira tamanha intimidade com um rapaz. Só trocaria intimidades com aquele por quem seu coração falasse mais alto e lhe desse certeza de que se casariam.

"Relaxa", pediu ele ao seu ouvido.

"É que...", ela tentava lutar contra aquilo.

"Confie em mim, Vanessa. Não há o que temer. Além do mais, todo casal de namorados que se ama, transa."

"Mesmo assim..."

"Lembre-se de que sou homem e todo homem nessa idade acaba saindo atrás de outras garotas caso a namorada não queira nada com ele. Você vai querer que eu faça isso? Que eu busque outras para me satisfazer? Não, não é mesmo? Sei que não. Então, por favor, deixa eu fazer amor com você. Nós seremos um do outro para sempre."

"Mesmo?"

"Claro que sim!" Eu jamais mentiria para você!"

Ele falava com tanta propriedade. Era impossível duvidar que não estivesse sendo sincero. Além do mais, ela confiava nele, até então, só lhe dera motivos para confiar.

"Se entrega pra mim, vem!", insistiu Ricardo num novo cobertor de orelha.

E sua voz, doce e sussurrante, fez com que Vanessa atendesse ao seu pedido. Foi um momento maravilhoso, marcante e inesquecível. Vanessa jamais pensou que aquilo que cercavam de tanto tabu, pudesse ser tão maravilhoso como, de fato, foi.

Ricardo a beijou com ternura, durante todo o tempo do intercurso. Por fim, ainda em êxtase, ela admitiu:

"Estou verdadeiramente apaixonada por você, Ricardo."

Ele novamente a beijou.

"Você...", suspirou Vanessa mais uma vez. "...é tudo o que há de mais importante na minha vida além dos meus pais."

"Você também, Vanessa, você também..."

Uma nova torrente de beijos impediu a jovem de continuar falando. Desse dia em diante, Ricardo sempre arranjava um local adequado para poder fazer amor com Vanessa que, totalmente apaixonada, entregava-se a ele sem suspeitar que, um dia, ele poderia terminar tudo com ela.

Quando esse dia chegou, Vanessa se sentiu ferida e usada, foi como se ele tivesse ficado com ela durante aquele tempo todo só para se satisfazer sexualmente, enquanto não encontrasse outra melhor. Ela sofreu horrores, foi preciso consultar um psiquiatra que lhe receitou longo tratamento com antidepressivos. Vanessa chegou a pensar que jamais superaria aquela fase, mas se enganou. O remédio a ajudou, as orações de seus pais tanto quanto e, certamente, a entrada de Henrique Pasquale em sua vida.

Ela nunca mais quis ver Ricardo de Freitas Rodrigues na sua frente. Toda vez que se encontravam, por acaso, na rua ou em algum evento, ela virava o rosto ou mudava de calçada. Quando ele finalmente passou numa faculdade estadual como tanto desejava, pois seus pais não tinham condições de pagar uma particular para ele, Vanessa deu graças a Deus. A faculdade era noutra cidade, a muitos quilômetros de onde eles residiam, com isso, ela não correria mais o risco de cruzar com ele a qualquer momento. Ao saber que ele havia se casado com a filha de um ricaço, Vanessa lhe desejou sorte ao invés de mau agouro. Seu amor por ele ainda era superior à raiva por tudo que ele lhe causara.

Sim, Ricardo ainda mexia com ela. Por isso, evitava pensar nele, rever uma foto sua ou, até mesmo, sonhar com sua monumental figura. Dizem que o primeiro amor jamais se esquece. Vanessa era a prova viva daquilo.

O certo mesmo era seguir o conselho que Arlete lhe dera:

"Chega de vingança, esqueça todos os seus ex, especialmente esse, e abra seu coração para um novo amor. ...Quero muito o seu bem, Vanessa. Muito mesmo! Quero vê-la feliz ao lado de um cara que realmente a mereça. Você é bonita, agradável, inteligente. Um doce de pessoa. ...Bola pra frente, minha amiga. Você agora precisa se alegrar, se embelezar e arranjar um novo amor. ...De qualquer modo, mantenha-se otimista."

Arlete estava certa, deveria seguir seu conselho e nunca mais olhar para trás. Seguir mirando o horizonte, somente o horizonte, nada além. Que o passado ficasse em seu lugar de direito: no passado. E com ele todos os seus rancores, mágoas e frustrações.

Dia seguinte, sábado pela manhã, Vanessa acordou disposta a dar um trato em sua morada. Sempre se sentia melhor depois de limpar e organizar a casa.

Foi por volta das onze da manhã quando a campainha tocou

e Vanessa terminava de pôr as roupas para lavar.

– Já vou! – disse ela, pensando ser Arlete que ficara de passar lá, para lhe entregar produtos da Avon.

– Já vou! – tornou Vanessa, um tanto esbaforida, sem sequer se ajeitar.

Ao abrir a porta, tamou um susto. Ela mal podia acreditar no que via. Bem diante dos seus olhos, em frente ao portão da casa, estava Ricardo de Freitas Rodrigues. Alto, lindo e luminescente ao sol.

Capítulo 15

Vanessa ficou temporariamente sem ação. A aparição do ex-namorado foi como a de uma assombração.

– Vanessa? – chamou Ricardo, carinhosamente, tentando trazê-la de volta à realidade.

– Oi... – atrapalhou-se ela para dizer simplesmente isso.

– Está tudo bem?

– Bem?

– Sim. Com você?

O queixo dela tremeu. Os lábios roxearam. Os olhos marejaram.

– Vanessa – insistiu Ricardo, querendo despertá-la do transe que sua aparição repentina lhe causara. – Vim visitar uns parentes na cidade e quis revê-la. Você está bem?

– Não! Sim!

– Sim ou não?

– Ah... – a boca dela permanecia aberta.

– Vai entrar mosquito, cuidado.

– O quê?

– Na boca.

Ricardo riu e Vanessa ficou simplesmente da cor de um tomate maduro suculento. Estava completamente desnorteada, rever o grande amor da sua vida, pega de surpresa, provava definitivamente que ele ainda exercia grande poder sobre sua pessoa.

– Ricardo, você aqui?!

– Pois é.

Só então ela notou como estava malvestida e fedida.

– Nossa! – exclamou, avermelhando-se mais uma vez. – Estou um horror. É que eu estava limpando a casa, lavando roupa...

– Bobagem, você está linda como sempre.

– Imagina... São seus olhos.

Vanessa ficou tão boba diante da reaparição do ex-namorado que se esqueceu completamente do que ele lhe fizera no passado. Seu amor por ele falava mais alto no coração.

– Você quer entrar? – perguntou ela, tirando o avental.

– Pensei da gente ir tomar um suco, sei lá.

– Um suco?!

– Ou um Yakult? Você adorava Yakult.

– Você ainda se lembra disso?

– Como poderia me esquecer, depois de tanto tempo junto de você, Vanessa?

– Poxa! E você, ainda gosta do chocolate Crunch?

– Adoro!

Desesperada para se ver livre daquela aparência descuidada, Vanessa pediu um minutinho para ele. Então, livrou-se do avental, ajeitou o cabelo, o vestido e só então foi até o portão receber o sujeito. Quando ele ia beijá-la, ela o impediu com as mãos.

– Estou toda suada.

– Que nada. Me dá um beijo aqui. Além do mais, trocamos tanto suor no passado.

Novamente Vanessa se avermelhou feito boba.

– Mas afinal, Ricardo, o que você está fazendo na cidade?

– Vim visitar tia Amélia. Sempre foi muito apegada a mim e não anda nada bem.

– Eu a conheci? Acho que não.

– Talvez não tenha, minha família é bem grande. Por outro lado, foi bom vir para cá, poder revê-la e esclarecer qualquer mal-entendido entre nós.

– Sem dúvida.

Encarando seus olhos, silenciosamente por meio minuto, Ricardo de Freitas Rodrigues endereçou-lhe a pergunta que o levara até a moça:

– Que história é essa de que você anda se vingando dos seus ex-namorados?

Vanessa novamente virou um pimentão.

– É mesmo verdade?

Vanessa mal conseguia respirar nesse momento.

– Menina – continuou ele bem-humorado. – De onde foi que você tirou essa ideia?

Vanessa, muito timidamente respondeu, quase sem voz:

– De uma novela.

Ele novamente riu.

– Por isso que muita gente diz que novelas são péssimas influências na vida das pessoas.

– Dizem?

– Sim.

– Sei lá. Só sei que estava cansada de ser feita de boba e achei que seria bom, pelo menos para mim, fazer cada um dos meus ex sofrer pelo menos um pouquinho do que sofri ao me darem um fora.

Ele assentiu e seriamente perguntou:

– E de mim, Vanessa, você guarda algum ressentimento? Pelo visto, não, afinal, não foi atrás de mim para se vingar.

Dessa vez, foi ela quem respondeu seriamente:

– Isso não quer dizer que eu não tenha sofrido muito, quando você terminou o namoro comigo. Ainda mais, por ter me feito acreditar que se eu me entregasse para você, a gente ficaria junto.

– Eu sinto muito. Eu era um garoto inconsequente. Que cabeça poderia ter eu, um adolescente com os hormônios fervilhando pelo corpo? Eu seria capaz de qualquer coisa para saciar meu desejo, não queria que fosse com uma qualquer, tinha de ser uma garota especial. Por isso, escolhi você.

– Quer dizer que você, na ocasião, era virgem?

– Sim, foi com você que eu também perdi a minha virgindade, Vanessa.

113

– Poxa....

– Eu queria que fosse com uma garota especial. E você era muito especial para mim.

Os olhos dela novamente marejaram. Ele, parecendo tomado também de grande emoção, falou:

– Se eu a fiz sofrer por isso, Vanessa... Se a fiz se sentir usada, perdoe-me. Por favor.

Lágrimas rolaram pela face dela.

– Perdoe-me – insistiu ele.

Ela voltou a encará-lo com seus olhos vermelhos e fez a pergunta que seu coração ditava:

– Você me amou, Ricardo?

– Hum-hum – os olhos dele pareceram brilhar.

– E você, Vanessa? Me amou?

Ela nem precisou responder. Ele mesmo concluiu:

– Pelo seu olhar, ainda me ama.

– Acho que sim. Talvez porque tenha sido o primeiro.

– E foi com grande satisfação. Pode estar certa disso.

Ela soltou um suspiro e enxugou as lágrimas com os dedos.

– A vida dá tantas voltas, né? – arrematou, procurando sorrir.

Breve pausa e ela quis saber:

– Soube que se casou.

– Sim.

– Que bom.

Nova pausa e ela perguntou:

– Você é feliz em seu casamento?

– Tento ser. Mas nenhuma relação é perfeita. Há dias que a gente perde a paciência um com o outro. Queremos terminar, mas depois, com a cabeça no lugar, tudo volta às boas.

– Que bom! – ela sorriu e num tom mais animado perguntou: – Comentou-se na cidade, entre as pessoas que o conheciam, que você só se casou porque ela tem muito dinheiro. Ou melhor, o pai dela tem.

– Ele é mesmo muito rico. Empresário bem-sucedido do ramo de bebidas. Mas eu gosto dela, foi mesmo por amor que nos casamos.

– Melhor assim.

– Sem dúvida.

Ele novamente a admirou com seus olhos bonitos.

– Poderíamos ser amigos, o que acha?

Ela mordeu os lábios e sem esperar por uma resposta positiva, ele reiterou o convite:

– Vamos tomar um suco. Venha.

– Primeiro, preciso dar um jeito na minha aparência.

– Okay. Te dou dez minutos.

– Quinze – arriscou ela.

– Okay. Quinze!

Não seria o suficiente para ela se dar um belo trato, mesmo assim, Vanessa fez o seu melhor.

Meia hora depois, eles chegavam a uma lanchonete da cidade. Pelo caminho até o local, no carro, ambos foram revivendo bons momentos, rindo um bocado das proezas de todos os colegas de classe em sala de aula, nos áureos tempos do colegial.

Na lanchonete, Ricardo falou um pouco de sua família e quis saber da dela. Comeram um lanche, tomaram um suco e depois foram passear numa praça ali perto, por sugestão dele.

Um passeio adorável, uma companhia maravilhosa, era disso que Vanessa mais precisava nos últimos tempos.

O reencontro terminou com Ricardo Freitas surpreendendo Vanessa Palomino, mais uma vez:

– Por que você não passa uns dias em São José do Rio Preto? É uma cidade adorável. Se quiser, posso passear com você por lá.

– E sua esposa? Ela pode pensar mal de nós dois, se nos vir juntos.

– Não, se ela estiver viajando. Além do mais, é uma cidade razoavelmente grande. Também não vou estar fazendo nada de errado. Somos amigos, Vanessa. É somente sua amizade que eu desejo ter. Quem sabe, assim, consigo me redimir do que lhe fiz no passado.

Essas não eram bem as palavras que Vanessa almejava ouvir,

todavia, achou a ideia maravilhosa, feliz por ver que o cara que ela tanto amava, ainda nutria bons sentimentos por ela. Nenhum dos outros fora capaz de lhe ser tão gentil.

No primeiro final de semana com feriado prolongado, Vanessa decidiu aceitar o convite de Ricardo de Freitas Rodrigues, pois seria uma ótima oportunidade de passearem por São José do Rio Preto, sem aborrecimentos, afinal, a esposa dele viajara com os pais para o Rio de Janeiro onde participariam das bodas de ouro dos avós maternos da moça.

Ao saber de seus planos, Arlete Meneses se surpreendeu mais uma vez:

– Quer dizer então que você vai mesmo para Rio Preto?

– Ele me convidou... Foi tão gentil.

– Se ele a convidou...

– Você não acredita que um ex-casal possa ser amigo?

– Hummm. Talvez...

– Não seja pessimista, Arlete.

– Só não quero que você se iluda novamente com esse sujeito. Ele já lhe fez de boba no passado. Não alimente esperanças por ele, Vanessa. Segundo você, ele está casado, e muito bem casado.

– Eu sei, Arlete! Eu sei!

– É bom mesmo que saiba. Para não se iludir novamente.

– Pode deixar. Obrigada por se preocupar comigo.

– Gosto de você, Vanessa. Quero vê-la bem.

A moça assentiu, sorrindo com certa apreensão.

O fim de semana em São José do Rio Preto foi maravilhoso. Vanessa jamais pensou que se divertiria tanto ao lado de Ricardo, que fez questão de levá-la para visitar os lugares mais interessantes da cidade. O único imprevisto naquilo tudo, foram as vezes em que o copo com suco virou sobre Vanessa, obrigando-a a trocar de vestido, para um próximo passeio.

– Ainda bem que trouxe outros na mala – disse ela, sem perder o humor.

Foi com grande tristeza que Vanessa voltou para casa. No

ônibus, com os olhos voltados para a paisagem, ela chorou discretamente de alegria pelos bons momentos ao lado do ex-namorado, naquele fim de semana prolongado que passou tão rápido.

Ao voltar para a casa onde vivia com o marido, num luxuoso condomínio da cidade, Vera Lúcia Teixeira Rodrigues recebeu um envelope que fora deixado para ela na portaria. Não havia remetente, apenas fora endereçado a ela. Ao abrir, chocou-se com o que viu.

Capítulo 16

Assim que viu a esposa, entrando em casa, Ricardo abriu um sorriso maravilhoso para recebê-la.

– Meu bem, que bom que chegou. Estava morto de saudades.

Ao tentar beijá-la, ela virou o rosto.

– O que foi? – estranhou ele sua reação.

Sem delongas, ela lhe entregou o envelope que recebera há pouco.

– O que é isso? – indagou Ricardo, olhando para o envelope com desconfiança.

– Abra! – respondeu Vera Lúcia secamente.

Eram fotos e mais fotos dele ao lado de Vanessa Guimarães Palomino.

– Essas fotos, Vera Lúcia... Você pôs um detetive atrás de mim, foi isso?

– Não! Deixaram na portaria do condomínio.

– O quê?!

– É isso mesmo que você ouviu. Acabaram de me entregar.

– Conta outra, Vera Lúcia! Você pôs sim, um detetive atrás de mim.

– Não mesmo, Ricardo. Porque eu confiava em você. Mas eu deveria ter me lembrado que nenhum homem presta, assim teria descoberto muito antes que você está me traindo.

– Vera Lúcia...

– Seus sumiços, suas viagens curtas, agora tudo faz sentido.

– Essa mulher da foto, Vera Lúcia. É a Vanessa Palomino,

minha primeira namorada. Você também a conhece.

– Conheço nada! Como poderia conhecê-la?

– Pelas notícias da TV. Trata-se da mulher que difamou o Leonardo Veloso da dupla sertaneja Leonardo Veloso e João Gil.

O rosto dela nublou:

– Sim. Agora me lembro. Não é ela quem decidiu se vingar dos ex-namorados?

– A própria. E foi ela mesma quem mandou essas fotos para você, com o objetivo de destruir o nosso casamento, de vingança por eu ter terminado o nosso namoro no passado. Pelo visto, a Vanessa é capaz de tudo. Pensei que ela havia me perdoado, mas não. Seu desejo ainda era o de se vingar de mim. Só agora percebo o quanto fui tolo nas suas mãos.

– Como é que vocês então se encontraram? E pelas fotos, foram muitas vezes. Percebo pelos vestidos diferentes que ela está usando em muitas delas.

– Calma – pediu ele parecendo aflito. – Eu explico. Quando fui a Araraquara visitar minha tia que estava muito mal de saúde, decidi procurar a Vanessa para evitar que ela se vingasse de mim, também. Sabendo que ela estava disposta a se vingar de todos os seus ex, preferi me tornar amigo dela antes que eu fosse o próximo da lista. Sei bem o quanto você e seu pai detestam escândalos, quis poupá-los do que ela poderia fazer contra mim e que, certamente, afetaria vocês também.

Ele bufou e continuou:

– Pelo visto, não tive êxito na minha missão. Mesmo sendo gentil com ela, Vanessa continuou com o propósito de se vingar de mim por eu ser um ex.

Ele tomou ar e, noutro tom, acrescentou:

– O que me preocupa agora, é o que a Vanessa pode fazer com essas fotos. Estando em evidência na mídia de todo Brasil, se ela mandar isso para os meios de comunicação, nossa vida será duramente afetada. Um escândalo!

Vera Lúcia se arrepiou.

– Isso não! Detesto escândalos envolvendo o meu nome. Meu pai, então, tem pavor disso. Ainda mais agora que se ao cargo de prefeito da cidade. Seu maior sonho desde muito tempo. Pobre papai.

– Vera Lúcia, o que eu posso fazer se a Vanessa é maluca?

A moça se enfureceu:

– Você acha mesmo que eu vou acreditar numa história dessas, Ricardo? Você e essa mulher estão tendo um caso, sim!

– Juro que não!

– Estão, sim!

– Vera Lúcia, ouça-me!

A moça tapou os ouvidos num rompante histérico.

– Que vergonha, meu Deus... Que vergonha! Vão rir de mim pelas costas.

– Vou falar com a Vanessa. Se for preciso, imploro para ela não ir adiante com o plano de vingança.

Houve uma breve pausa até Vera Lúcia Teixeira Rodrigues dizer:

– Quero o divórcio, Ricardo.

Os olhos dele se arregalaram:

– Como assim?

– Não vou aceitar mais você ao meu lado.

– Não lhe darei o divórcio.

– Então partiremos para o litigioso.

– Vera Lúcia, não se precipite!

Sem pensar duas vezes, a moça passou a mão no celular e ligou para o pai que morava num condomínio ali próximo. Minutos depois, o homem chegava a casa da filha que, sem demora, colocou-o a par dos últimos acontecimentos.

Ricardo de Freitas Rodrigues tentou falar em sua defesa:

– Meu sogro, essa mulher chamada Vanessa Palomino, decidiu recentemente se vingar de todos os ex-namorados. Fui o primeiro namorado dela e foi ela, certamente, quem encontrou uma forma de me fotografar junto dela para, mais tarde, enviar as fotos para minha esposa e causar todo esse problema. O nome da Vanessa ainda circula nas colunas de fofoca, pois recentemente, ela quase destruiu a vida do cantor Leonardo Veloso da dupla sertaneja Leonardo Veloso e João Gil.

Vera Lúcia novamente se enfezou:

– Papai, essa moça vai fazer estrago na minha vida. Ela certamente tem cópias dessas fotos e vai mandar para a mídia. Será um escândalo. Estou apavorada. Vão rir de mim pelas costas. Me chamarão de chifruda, cornuda, etc. Odeio isso, papai. Odeio!

– Infelizmente – admitiu Ricardo, cabisbaixo – a Vanessa não vai sossegar enquanto não judiar de mim, o que, infelizmente, vai comprometer negativamente a vida da Vera Lúcia. Jamais pensei que a Vanessa pudesse fazer uma coisa dessas, depois de eu ter sido tão gentil com ela. Estou muito decepcionado.

– Nós precisamos impedir a moça de publicar essas fotos.

– Irei falar com ela. Mas certamente ela exigirá algum dinheiro em troca. Uma quantia bem alta, porque sabe que eu não terei como pagar. Ela fez o mesmo com um conhecido meu que também foi namorado dela.

E Ricardo resumiu o episódio de Vanessa contra Henrique Pasquale.

– Pelo visto – admitiu o milionário. – Essa moça é capaz de tudo.

– Se o senhor quiser, eu falo com ela. Não custa nada.

O homem acabou concordando. E a resposta que Ricardo obteve de Vanessa foi a que ele já esperava. Ela não venderia as fotos por nada, estava mesmo disposta a publicá-las.

– Você destruiu minha vida – explodiu Vera Lúcia em mais um de seus rompantes histéricos. – Destruiu!

Ela o estapeou e foi preciso o pai segurá-la. Por fim, Ricardo acabou concordando em lhe dar o divórcio como ela tanto queria.

– Está bem, Vera Lúcia – disse ele seriamente. – Se é isso mesmo o que você quer, eu assino o divórcio.

A moça nem lhe deu ouvidos, continuou chorando, agarrada ao pai, que se desesperava cada vez mais com o estado da filha.

Quando Vanessa Palomino soube do fim do casamento de Ricardo de Freitas Rodrigues e Vera Lúcia Teixeira, ela mesma tomou a decisão de procurar o moço, para lhe propor uma reconciliação afetiva. O surpreendente aconteceu então, quando o pai da moça bateu à porta da casa de Vanessa em Araraquara.

– Gostaria de lhe falar – disse o homem de bigode preto reluzente e voz de tenor. – Teria um minuto para mim?

Vanessa concordou. Abriu o portão e encaminhou o homem até dentro de sua casa.

– Pois não? – disse ela, enfim, cada vez mais intrigada com a presença do sujeito.

O Senhor Teixeira explicou:

– Venho lhe pedir encarecidamente que não mande as fotos comprometedoras em que a senhorita aparece ao lado do meu ex-genro, o Ricardo de Freitas Rodrigues. Não faça isso, por favor. Sua vingança é contra ele, não contra a minha filha que só o conheceu, um bom tempo depois que vocês terminaram. Por isso, deixe-a fora dessa história. Se seu objetivo era o de acabar com o casamento dos dois, você já conseguiu. Se dê por satisfeita.

Vanessa mal podia acreditar no que ouvia.

– Posso contar com a senhorita? – insistiu o sujeito.

Vanessa finalmente reagiu:

– Sinceramente, eu não estou entendendo nada. De que fotos, afinal, o senhor está falando?

– Das fotos que a senhorita pediu para tirarem do Ricardo ao seu lado. Inclusive, aqui na frente de sua casa.

O homem entregou a Vanessa o envelope que Vera Lúcia havia recebido anonimamente. Vanessa olhou aquilo com grande interesse e perplexidade. Por fim, respondeu, ainda pasma:

– Essas fotos... Nunca soube da existência delas. Jamais pedi para alguém tirar foto alguma.

O Senhor Teixeira a olhou com total desconfiança.

– Senhorita, não se faça de cínica. Sabemos bem por que mandou tirar essas fotos. Meu ex-genro foi um de seus namorados e o Brasil inteiro já sabe que a senhorita pretendia se vingar de todos os seus ex-namorados. É verdade ou não é?

– De fato – confirmou Vanessa, ainda abobada com tudo que ouvira. – Minha intenção era realmente dar o troco merecido a todo cara que me fez de boba, mas quanto ao Ricardo, apesar

122

de ele ter sido quem mais me fez de idiota, não quis me vingar dele. Ele foi o meu primeiro namorado, sabe? Ainda gosto dele.

– Pois agora ele é todo seu – respondeu o homem cinicamente. – Fique com ele. Vocês já estavam juntos, mesmo.

– Não! Foi apenas uma reaproximação por conta da amizade. Nada além disso.

– Você quer mesmo que eu acredite nisso?

– Estou sendo sincera. Sua filha não tem nada a ver com o que o Ricardo aprontou comigo no passado. Não a quero mal.

– Então me devolva as fotos originais. Se realmente quer o bem da minha filha, devolva-me os negativos.

Fazendo um gesto de impotência, Vanessa respondeu:

– Já lhe disse que não tenho foto alguma. Estou sendo sincera.

O Senhor Teixeira refletiu por instantes e disse:

– Mas se você não as tem e também não mandou ninguém tirá-las, quem fez isso então?

– Eu não sei.

Vanessa parecia estar sendo muito sincera.

– Se você estiver me fazendo de palhaço, garota – retrucou o ricaço –, saiba que tenho poderes para destruí-la.

– Estou mesmo sendo sincera.

– Quem então teria interesse em prejudicar o Ricardo e a Vera Lúcia?

– Eu não sei.

– Certamente foi alguém que se aproveitou do seu destaque na mídia, como a mulher que se vingava de seus ex-namorados, para causar toda essa confusão.

– É o que parece. Mas quem teria interesse em me usar para estragar o casamento do Ricardo? Eu não faço ideia.

– É um mistério.

O encontro terminou com Vanessa prometendo ao sujeito milionário, caso descobrisse alguma coisa, entrar em contato com ele.

Capítulo 17

Depois de muito refletir, Vanessa decidiu falar com Ricardo para saber se ele poderia lhe dar uma pista que pudesse desvendar aquele mistério. Até então, ele pensava ser ela a causadora de tudo aquilo, não fazia ideia que ela não tivera nada a ver com o fato. Assim sendo, Vanessa ligou para o celular do moço, mas ele não atendeu a nenhuma chamada.

– É obvio que ele não vai me atender – concluiu Vanessa. – Ricardo deve estar me odiando por tudo o que lhe aconteceu. Pensa ser eu quem mandou tirar aquelas fotos. Ele precisa saber que não fui eu. Caso contrário, ele me odiará pelo resto da vida.

No minuto seguinte, Vanessa ligou para o Senhor Teixeira, perguntando se ele sabia onde Ricardo de Freitas Rodrigues havia ido morar, depois do divórcio. Explicou-lhe os motivos por querer falar com ele, pois não atendia às suas ligações.

Sem delongas, ela se ajeitou e partiu para a rodoviária para pegar o próximo ônibus que partia para São José do Rio Preto. Chegando na cidade, Vanessa tomou um táxi direto para o condomínio onde Ricardo vivia e aguardou ser anunciada pelo portero, por meio do interfone. Assim que Ricardo ouviu o sujeito pronunciar o nome de Vanessa, recusou-se terminantemente a recebê-la. Por mais que ela insistisse, o porteiro não ligou novamente para Ricardo. Ele, tampouco, atendia às chamadas dela no celular.

Vanessa ficou ainda mais nervosa. Precisava explicar para Ricardo, fazê-lo compreender de uma vez por todas, que ela não tivera nada a ver com aquelas fotos, só assim ele deixaria de pensar mal dela e voltaria a ser, pelo menos, seu amigo.

O único jeito que Vanessa encontrou para solucionar o caso, foi ligar para o Senhor Teixeira, pedindo sua ajuda. Tendo ele um conhecido que morava no mesmo condomínio que Ricardo agora residia, ele teve uma ideia. Combinou com o sujeito que Vanessa Palomino diria, na portaria, ir visitá-lo, assim, ele liberaria sua entrada, mas ela, na verdade, iria visitar seu ex-genro. Desfazer um mal-entendido. Em consideração ao amigo, o morador acabou tomando parte naquilo. Foi assim que Vanessa finalmente entrou no local.

Por sorte, as casas ali não tinham muros. Eram típicas casas construídas em estilo americano, o que favoreceu a entrada da moça na residência. Ultrapassando o portão que dava para os fundos da morada, Vanessa invadiu o lugar, surpreendendo Ricardo com sua aparição repentina.

– Vanessa!

Ela estava sem ar.

– Precisamos conversar, Ricardo.

– Como você entrou aqui?

– Não importa. O que importa mesmo é que você me dê um minuto da sua atenção. Por favor.

Ele a encarou e ela se pôs a falar:

– Não fui eu, eu juro!

– Do que você está falando, criatura?

– Das fotos! Sei que está pensando que fui eu quem as mandou tirar, para destruir seu casamento, mas não! Você foi tão legal em ter me procurado, quando foi visitar sua tia Amélia em Araraquara, que eu jamais faria algo monstruoso contra você.

Ele fez uma careta.

– Você precisa acreditar em mim, Ricardo. Por favor.

– Tá, tudo bem, Vanessa, acredito. Agora vá embora, por favor.

– Ricardo, quero continuar sendo sua amiga.

– Okay. Só que agora estou ocupado.

– Você ainda crê que fui eu, não é mesmo? – lagrimas

125

vieram aos olhos dela.

Nisso, ouviu-se uma voz feminina dizer:

– Amor, já estou pronta.

Do corredor surgiu uma jovem de não mais que dezoito, dezenove anos de idade. Tanto ela quanto Vanessa se olharam com grande atenção e perplexidade.

– Essa mulher, Ricardo. Quem é ela? O que ela quer?

Vanessa também lhe endereçou uma pergunta:

– Quem é essa garota, Ricardo?

O rosto dele relaxou e, num tom mais descontraído, ele respondeu:

– Essa aqui é a Naomi. Ela é minha nova namorada.

Ele estendeu a mão para ela, puxou-a para junto de si e a beijou. Então, voltou-se para Vanessa que se mantinha perplexa, olhando para o casal.

– Por ter terminado seu casamento, por causa dessas fotos, pensei que você não estivesse nada bem – desabafou Vanessa em choque. – Pensei que estivesse mal, deprimido, precisando de um ombro amigo. O meu, por exemplo.

O sujeito desdenhosamente respondeu:

– Até quando você quer que eu sofra, Vanessa?

Ela foi rápida na resposta:

– Sei que deve seguir em frente, mas...

Vanessa estava visivelmente decepcionada. Seu desejo de reatar o namoro com Ricardo de Freitas Rodrigues havia sido aniquilado, sem dó. Por fim, ela tomou ar e disse, concentrando totalmente seus olhos nos dela:

– O mais importante para mim, Ricardo, é que você esteja ciente de que não fui eu quem mandou tirar aquelas fotos e enviá-las para sua esposa. Quem fez isso, fez certamente para destruir seu casamento. Talvez, você até saiba quem poderia ter feito uma barbaridade dessas. Agora que sabe que não fui eu, poderá suspeitar de outra pessoa e chegar realmente até o culpado, por tudo isso.

Ele suspirou:

– Vanessa, sua boba, sei muito bem quem mandou tirar

aquelas fotos. Da mesma forma que sempre soube que não foi você.

– Sabe?! Então, quem fez aquilo?

Ele soltou um risinho malicioso e disse:

– Ora, minha querida. A única pessoa que tinha interesse em esculachar de vez o casamento com a chata da Vera Lúcia Teixeira – ele riu com satisfação. – Eu mesmo, Vanessa. Euzinho!

Os olhos da moça arregalaram ainda mais.

Capítulo 18

– Fecha a boca, Vanessa! Senão, entra mosquito.

Ricardo riu.

– Bendita hora que você decidiu se vingar dos seus ex, Vanessa.

– Como assim?

– Com isso, você meu deu o maior e melhor pretexto para eu conseguir que a mala da Vera Lúcia se divorciasse de mim. Eu pensei, juro que pensei, que eu iria aguentar, mas com o tempo... Além do mais, o velho ainda pode viver por muitos anos. Eu não iria suportar ficar casado com aquela chata até que o chatonildo do pai dela bata com as botas. Era tempo demais. O melhor da vida é agora.

Ele suspirou, feliz, liberto.

– Vanessa, com sinceridade, eu me decepcionei muito com o nosso reencontro. Você continua tão boba quanto no passado. Sonhadora, ingênua, chata... Muito chata. Infantil.

Vanessa perdeu totalmente o chão.

– Por isso que você continua solteirona, Vanessa – arrematou Ricardo sem dó. – Já era boba quando adolescente, continua boba.

– Mas você foi atrás de mim, ao visitar sua tia....

– Tia Amélia?! – ele gargalhou. – Morreu faz tempo. Eu tinha doze, treze anos na época. Só falei pra ter um motivo para eu estar na cidade. Fui lá só por sua causa. Eu precisava de você pra me ajudar a me separar daquela garota mimada, sem sal e sem açúcar.

– Então, por que se casou com ela?

– Pelo dinheiro do pai dela, meu amor. Puramente pelo que eu iria herdar e pela vida que eu iria levar ao lado dela. Só por isso.

Ele se aproximou dela, rindo, sarcasticamente:

– A Vera Lúcia abomina um escândalo. Se eu lhe dissesse que você, bombando na mídia, iria pôr as nossas fotos, ela não suportaria. Por qual motivo eu derrubaria suco no seu vestido senão para fazê-la mudar de roupa e com isso, parecer que tínhamos nos encontrado por muito mais dias? Cada dia, uma roupa diferente, não é mesmo?

Vanessa se sentiu a pessoa mais otária do planeta.

– Quer dizer... – gaguejou.

– Te devo essa, Vanessa. Graças a você eu fiz um ótimo acordo para assinar o divórcio com aquela perua. Agora eu posso viver a vida do jeito que eu quiser. Amando livre, leve e solto.

Ele riu e Vanessa ainda inconformada com tudo, perguntou:

– Você me pareceu tão sincero quando esteve em casa à minha procura. Também fui sincera quando lhe disse que ainda o amava, porque você foi o meu primeiro amor.

Ele novamente riu, despudorado. Ela, entre um misto de fúria, revolta e sentimentalismo, arriscou perguntar:

– Você alguma vez me amou de verdade, Ricardo? Tudo aquilo que você me dizia, quando éramos jovens, havia alguma verdade em tudo aquilo?

Ele novamente riu, um risinho curto e sarcástico.

– Responda, Ricardo. Por favor!

Mirando os olhos dela com os seus desafiadores, respondeu:

– Eu era jovem, com os hormônios à flor da pele, precisava transar. Você era bonitinha, tinha um corpo bom, juntei o útil ao agradável. Não tinha grana pra pagar por sexo, portanto...

Ela não se segurou. Deu-lhe um tapa no rosto e, chorando, respondeu:

– Você foi um monstro comigo.

– Não, Vanessa, fui homem. Você gostou, eu gostei. Ótimo. Serviu ao nosso propósito.

129

– Seu propósito.

– É – ele fez uma careta.

Breve pausa e ele questionou:

– Agora me diz, como é que você conseguiu entrar aqui? Vou reclamar na portaria. Nunca deram um fora como esse.

Seguindo até a porta de vidro que dava para o gramado em torno da casa, ele completou:

– É melhor você ir, tenho compromisso.

Vanessa passou por ele se sentindo derrotada na alma.

– Vai pela sombra, tá? – zombou ele fechando a porta a seguir.

– Essa mulher não é aquela maluca que se vingou do Leonardo Veloso por ele ter lhe dado um pé? – questionou a garota que estava com ele.

– A própria.

– Você também foi namorado dela?

– Sim. O primeiro. A coitada ainda gosta de mim, mesmo depois de tantos anos. Sou mesmo irresistível, não?

E ele agarrou a jovem e lhe tascou um beijo.

Vanessa mal se dera conta de como conseguiu chegar até a portaria, o choque com a verdade a tirara completamente do prumo. Ao vê-la naquele estado tão deplorável, um dos porteiros correu em seu auxílio. Serviu-lhe um copo d'água e lhe ofereceu uma cadeira para ela se sentar.

– Preciso de um táxi. Pode chamar um para mim?

– Sim, senhora.

Assim que o táxi chegou, Vanessa ligou para o Senhor Teixeira e resumiu parte do que havia acontecido. O homem, muito solícito como sempre, pediu que ela fosse para sua casa onde a recebeu muito cordialmente. Vera Lúcia também estava na casa e quando viu Vanessa, chocou-se:

– Papai! O que essa mulher está fazendo aqui?

– Calma, Verinha, eu explico.

Depois de contar as últimas para a filha, o Senhor Teixeira pediu a Vanessa que relatasse exatamente o que se passara na sua visita surpresa a casa de Ricardo de Freitas Rodrigues.

– Não pode ser... – murmurou Vera Lúcia ainda custando acreditar que Ricardo fosse um mau-caráter.

O pai falou:

– Eu já desconfiava.

– O Senhor?!

– Sim, filha. Sempre duvidei do caráter de seu marido, tanto que no começo do namoro, tentei preveni-la. De tão apaixonada, você não me ouviu. Quando surgiu toda essa história, e você quis se divorciar dele, para mim foi um alívio. Ele nunca foi o homem certo para você, Vera Lúcia.

– Mas eu gostava dele, papai.

– Você, a Vanessa e muitas outras por aí, com certeza. De que vale gostar de um homem se ele não presta? Vera Lúcia, minha filha, precisamos nos valorizar.

A moça novamente se desesperou:

– E se ninguém mais me quiser, papai? Não quero acabar sozinha. Não mesmo!

– Verinha, minha filha, isso não vai acontecer. Você é uma moça bonita, educada...

Voltando-se para Vanessa, com um olhar reprovador, Vera Lúcia falou:

– Essa aí também é. E veja o que lhe aconteceu. Continua solteirona. Beleza não é garantia de sucesso afetivo.

– Vera Lúcia, minha filha, sou adepto do ditado que diz: antes só do que mal acompanhado.

A riquinha se enervou:

– Pois eu me recuso a ficar só, papai! Antes mal acompanhada do que passando vergonha na frente de minhas amigas casadas.

– Bobagem, Vera Lúcia. O amor vem quando você menos espera.

Vanessa, em silêncio, também ouviu aquelas mesmas palavras que até então não haviam surtido efeito em sua vida.

Ao reencontrar Arlete Meneses no trabalho, Vanessa contou-lhe tudo o que descobrira. A amiga a abraçou, procurando lhe dar algum conforto.

– Esqueça esse moço, Vanessa. Recomece a vida. Ele não merece suas lágrimas. Na verdade, nenhum homem merece.

– Você tem toda razão, Arlete. Mas você deve se lembrar que, desde o início, eu não quis ir atrás do Ricardo. Foi ele quem veio atrás de mim.

– E, mais uma vez, usou você.

– Infelizmente.

– E ainda se deu bem às suas custas.

– Pois é. Não passa mesmo de um safado.

– Põe safado nisso.

Com um quê de tristeza, Vanessa admitiu:

– Engraçado, ele foi o único que eu quis poupar da minha vingança e, no entanto, foi quem mais me feriu.

– É mesmo curioso.

– Mais curioso é o fato dos meus namoros terem chegado a quase três anos de duração e todos terem terminado da mesma forma. Acho que o três não é mesmo o meu número de sorte. Nunca mais vou esperar tanto para me casar. Isso, se eu tiver novamente a chance de encontrar um cara que se interesse por mim.

– Um que valha a pena.

– Um que também não seja do signo de gêmeos.

– Como assim?! – Arlete se alvoroçou.

Vanessa muito calmamente respondeu:

– É que todos os meus namorados eram geminianos.

– Sério? Que coincidência!

– Sim! Faziam aniversários em datas diferentes, mas todos sob o signo de gêmeos.

– Que loucura.

– Pois é.

Breve pausa e Arlete sugeriu:

– Dizem que se conselho fosse bom, vendia-se. Mesmo assim, vou te dar um. Venda sua casa. Aceite a proposta da construtora. É um bom dinheiro. Com ele, você compra outra, renova sua vida e ainda sobra uma boa quantia para viajar pelo país e até para o exterior.

– Eu já havia pensado nisso.

– Aproveite, minha amiga! Eu, no seu lugar, não perderia essa chance.

– Vou pensar com carinho.

– Não demore muito, senão eles mudam de ideia.

– Você tem razão, Arlete. Mais uma vez, você tem toda razão.

Vanessa chegava em casa quando foi abordada por Thaís Albuquerque, que estava ali aguardando por ela em seu carro, estacionado do outro lado da rua.

– Olá, querida, como vai? – saudou-lhe a moça com fingida amabilidade.

– O que você quer aqui, Thaís? Não temos nada para conversar.

– Não mesmo, eu sei. Só queria saber uma coisinha, uma perguntinha básica para você.

– Faça.

Thaís assentiu em meio a um sorriso de gata manhosa.

– Responda-me se puder, Vanessa. O que você conseguiu depois de suas vinganças? Diga-me, quero muito saber. Acho que o Brasil inteiro tem a mesma curiosidade.

Rindo maliciosamente, Thaís completou:

– Pelo visto, você não conseguiu nada. Nada, nada, nada, nada. Não é à toa que se diz ser a vingança um prato que se come frio. O seu deve estar bem gelado. Ou melhor, congelado.

Thaís novamente riu, exibindo seus dentes brancos e alinhados:

– É triste saber que depois de tudo o que você aprontou, sua horta continua seca. Não choveu nem um pingo nela. Acho que nem uma lésbica se interesse por você, caso contrário, você já teria sido abordada por uma.

E rindo novamente com satisfação, Thaís completou, impiedosa:

– Você nasceu mesmo para viver sozinha, Vanessa. Só

mesmo a solidão lhe quer bem.

Dessa vez, Vanessa reagiu, não podia ficar tão por baixo:

– Sabe de uma coisa, Thaís? Antes só do que mal acompanhada.

– Você diz isso agora, porque não conseguiu sequer o vira-lata da esquina para ficar com a sua pessoa. No passado, recordo-me bem, você era louca para agarrar um otário para casar com você. Otário, sim, porque só mesmo um ousaria se casar com uma maluca como você. Maluca e vingativa.

Vanessa bufou:

– Terminou?

– Sim! E saiba que estou feliz, pois como diz o ditado: quem ri por último, ri melhor. E eu estou gargalhando.

– Então suma da minha frente.

– Com prazer, minha querida. Com prazer.

Vanessa se segurou para não gritar de ódio.

– Só mais uma coisa – tornou Thaís Albuquerque sem piedade. – Se você precisar de um asilo ou uma casa de repouso para morar, tem umas ótimas em Roraima.

Vanessa não queria perguntar o porquê de ter de ser naquele estado, mas não se conteve:

– Por que eu iria para Roraima?

– Por quê?! Ora, Vanessa, para ficar bem longe de nós. Nenhum ex seu merece cruzar com você pela rua, estando velha e decrépita. Velha, feia e gagá.

Dessa vez, Vanessa por pouco não voou para cima da moça.

– Só não meto a mão na sua cara, porque...

– Por quê? – Thaís a desafiou sem titubear.

– Porque não vale a pena.

Thaís riu.

– É obvio que não seria por esse motivo que você não mete a mão na minha cara, Vanessa. Você não faz, porque é fraca, física e intelectualmente.

Ainda que não quisesse chorar na frente daquela que um dia fora sua melhor amiga e despudoradamente roubara-lhe o namorado, Vanessa não se aguentou. Lágrimas romperam de seus

134

olhos, foi impossível evitar. Deixar que Thaís a visse, tomada de desespero e tristeza, seria ainda mais humilhante, mas o que fazer se a emoção foi mais forte do que ela?

– É duro a realidade, não é mesmo querida? – desafiou Thaís ardilosa como nunca. – Mas é ainda pouco para você que infernizou e quase destruiu o meu casamento.

– Quem mandou chover no dia do seu casamento não fui eu, querida, foram as nuvens.

– Mas nada me tira da cabeça que foi você quem ligou para a floricultura e para o bufê alterando meus pedidos.

Vanessa fez cara de quem diz: Será? Em seguida, deu as costas para Thaís que, sem demora, partiu em seu carrão.

Ainda que trêmula de raiva, Vanessa finalmente guardou seu carro na garagem e se recolheu no interior de casa. Sua cabeça doía, remoendo tudo o que Thaís acabara de lhe dizer. O pior é que ela própria concordava com o que escutara. O que era bastante deprimente. Vanessa recordou-se então do conselho de Arlete:

"Venda essa casa. Aceite a proposta da construtora. É um bom dinheiro. Com ele, você compra outra, renova sua vida e ainda sobra uma boa quantia para viajar pelo país e até para o exterior."

Arlete estava certa, oportunidade como aquela não bateria novamente à sua porta. Isso a fez pegar seu celular e ligar para Henrique Pasquale:

– A proposta de compra ainda está de pé, Henrique? Por um milhão e trezentos? – perguntou ela sem floreios. – Okay. Eu aceito.

O sujeito do outro lado da linha deu pulos de alegria. No dia seguinte, sem demora, a venda foi efetuada.

Ao pegar o cheque administrativo em suas mãos, Vanessa mal podia acreditar que possuía tão grande quantia. Só então ela se lembrou da comissão de Henrique e perguntou a ele como deveria pagá-lo. A resposta dele a surpreendeu:

– Você não precisa me pagar a comissão, Vanessa. Você me disse que queria o dinheiro livre em suas mãos. Estou honrando o nosso acordo.

– Mas, Henrique... Foi graças a você que consegui tamanha quantia pela venda da casa.

– Sim, mas bem mais graças a você, Vanessa. Se não tivesse feito o que fez, não teria conseguido tanto dinheiro pela casa.

Henrique fez uma careta e completou:

– Com a comissão das outras casas que vendi para a construtora, vou tirar o meu pé da lama. Com a comissão que receberei pela casa que você vai comprar para morar, também me ajudará um bocado.

– Por falar nela, o que me sugere?

– Vou levá-la para conhecer algumas.

Lá foram os dois. Logo, Vanessa se encantou por uma casa que comprou por um bom preço e reformou. No tempo exato estipulado pela construtora para ela deixar sua velha morada, a reforma foi concluída e ela pôde se mudar. Antes, porém, decidiu deixar no seu velho endereço, mágoas e ressentimentos, rancores e arrependimentos, frustrações e desilusões, para que sua mudança acontecesse também interiormente, o que seria formidável para sua mente, alma e coração.

– Hoje começo uma nova vida – decretou Vanessa assim que se viu na nova casa, com mobília nova e demais pertences em seus devidos lugares.

Arlete não poupou elogios:

– A casa ficou linda! Parabéns, Vanessa. Que Deus abençoe seu novo lar.

Eram votos sinceros.

– Obrigada, minha amiga. Muito obrigada.

Ambas se abraçaram. Henrique também congratulou a ex-namorada por sua nova morada.

– Você fez um ótimo negócio, Vanessa – disse ele com sinceridade. – Esta casa é mais nova e o bairro é de elite. Com a reforma que fez, valorizou-a muito mais. Parabéns!

Vanessa o agradeceu, verdadeiramente feliz por ter se mudado.

Mudar, em todos os sentidos, é sempre assustador para muitas pessoas. Para Vanessa Palomino não foi exceção. Mas agora, depois de realizada a mudança, ela percebia o quanto fora bom mudar de casa, pois isso lhe dera uma injeção de ânimo e novo gás para viver, algo que não teria descoberto se continuasse lutando contra mudanças e inovações em sua vida.

Mudanças são necessárias, todos precisam fazer, vez ou outra, para renovarem a si mesmos, por dentro e por fora.

Capítulo 19

Quando as férias chegaram, Vanessa decidiu conhecer a Europa. Com trinta dias a mais de licença-prêmio acumulada, ela pôde permanecer um mês e meio em solo europeu, desfrutando as belezas do inigualável continente. Uma viagem inesquecível.

Em Paris, Vanessa se maravilhou com o Museu do Louvre, a lindíssima Champs-Élysées e a Torre Eiffel. Adorou também o passeio a barco pelo Sena e os franceses charmosos que cruzavam pelo caminho. Na Itália, amou a Toscana e os passeios de gôndola pelos canais de Veneza. No Vaticano orou; em Roma, maravilhou-se com o Coliseu. Em Londres, alugou uma limusine só para passear pela cidade, enquanto saboreava um prosecco e depois, esbaldou-se no show de Madonna, excursionando pela cidade com a turnê Confessions. Visitou pubs e o Palácio de Buckingham, também o Hyde Park e a famosa roda-gigante London Eye.

Na Suíça, comeu muito chocolate, tanto, que teve leve indisposição. Mas Vanessa pouco se importou com o imprevisto, para ela, tudo era festa.

Na Espanha, amou Madri e, na Grécia, adorou visitar a Acrópole de Atenas.

Em Lisboa, Portugal, devorou pastéis de Belém na doçaria mais famosa da cidade, fundada em 1837. Ouviu fado, comeu bacalhoada e até mesmo, flertou com alguns jovens portugueses. Foi realmente um passeio inesquecível, valeu cada centavo.

Todavia, foi no aeroporto de Lisboa, enquanto aguardava

seu voo de volta para o Brasil, que Vanessa viveu a experiência mais marcante de sua viagem. Lia ela um livro de Marcelo Cezar, quando avistou um sujeito que muito lhe chamou a atenção. Ao reconhecê-lo, seu coração disparou.

– É ele – balbuciou maravilhada. – É ele sim... William Bonner – ela levou a mão ao peito.

Imediatamente seus olhos marejaram. Teve a impressão de que o coração agora dava pulos em seu peito.

– Meu Deus, que coincidência – declarou Vanessa emocionada. – Quis tanto encontrá-lo e, de repente...

Era emoção demais. Quando o sujeito tomou outra direção, Vanessa simplesmente saltou da cadeira e foi atrás dele. Não podia perder a oportunidade. Acreditando ser sua maior fã, ela simplesmente tinha de chegar até ele para receber um autógrafo e tirar pelo menos uma foto.

– William – chamava ela enquanto impunha mais força nas pernas. – Espere! Preciso falar com você.

De tão estabanada que estava, colidiu com uma senhora que vinha na direção contrária.

– Perdão.

A mulher nada respondeu, fez cara feia, não gostara nenhum um pouco da colisão.

– William, meu amor... – tornou Vanessa, pura adrenalina.

Foi então que a alça de sua mochila enroscou num carrinho de bagagem abandonado num canto qualquer. O puxão a fez novamente se desesperar. Daquele jeito ela não conseguiria alcançar o famoso apresentador da TV. Com toda ligeireza possível, Vanessa soltou a alça do local e retomou seu caminho.

Pânico total. William havia desaparecido.

– Não! – exclamou ela desesperada. – Não! – repetiu, girando o pescoço ao redor, em busca do rosto do apresentador em meio à multidão. – Isso não! Isso, não!!!

O desespero acabou quando ela reviu a figura monumental saindo de uma livraria.

– William, meu querido, espere!

E novamente ela correu ao seu encalço. Eis que uma criança

entrou na sua frente. No intuito de não colidir com ela, Vanessa desviou, só que de forma tão abrupta, que acabou torcendo o pé.

– Ai!

– A senhora está bem?

– Sim, sim.... Ai.

O homem tentou ajudá-la.

– O William.

– William?

– Sim – Vanessa esfregava o tornozelo na esperança de suavizar a dor.

– William é o seu marido?

– Quem me dera.

– Oi?

Vanessa reagiu.

– Preciso ir. Não posso perdê-lo.

Ela endireitou o corpo e seguiu, apressada, ainda que mancando.

– William, meu amor, espere! – repetiu, aflita.

Ela não podia perdê-lo, sonhara encontrá-lo pessoalmente nos últimos três anos.

– William, meu querido, aguarde-me. Você não vai se arrepender de me conhecer. Espere por mim.

E ela continuou, determinada. Nunca se viu tão determinada na vida. Mais uns passos e surpresa total. Bem diante dos seus olhos estavam Leonardo Veloso e João Gil.

– Ora, ora, ora, se não é Vanessa Palomino – disse Leonardo com pouco caso.

– Ai – gemeu Vanessa pelo susto e pela dor no tornozelo.

– Aonde vai com tanta pressa? – questionou Leonardo lançando-lhe um olhar de esguelha.

– Não é da sua conta, Leonardo.

E quando Vanessa passou pelo sujeito, ocorreu-lhe de perguntar:

– O que vocês estão fazendo aqui?

– Shows, ora! Graças a você, nossa fama alcançou a Europa.

João Gil falou a seguir:

140

– Quanto ao Leonardo, eu não sei, Vanessa, mas lhe sou muito grato. Graças a você, tornamo-nos muito mais famosos do que antes.

– E ricos – arrematou Leonardo, empinando o rosto de satisfação.

– Que bom – respondeu Vanessa de coração. – Façam bom proveito da fama e do dinheiro que estão conseguindo. Mas uma coisa eu lhes digo: vocês não teriam ficado mais famosos se a música de vocês não fosse realmente de qualidade. A fama só cresce para aqueles que realmente são bons e dedicados ao trabalho que fazem.

– Falou tudo, Vanessa – elogiou João Gil apreciando verdadeiramente a conclusão da moça.

Vanessa assentiu e quando retomava seu caminho em busca do apresentador de TV, Leonardo a segurou pelo braço e disse, seriamente, mirando fundo seus olhos:

– Vanessa, chega de rancores entre nós. Eu nunca lhe quis mal. Jamais pensei que sentisse tanto ódio de mim por ter terminado o namoro com você.

– Ainda bem que senti, caso contrário, vocês não teriam ficado tão famosos como estão agora.

– Verdade.

Ela abriu um sorriso e ele também.

– Amigos? – arrematou ele com sutileza.

– Amigos – confirmou ela, estendendo-lhe a mão como quem faz um pacto de paz. – Agora, eu preciso ir.

– Inté – falou ele.

– Inté – respondeu ela retomando ansiosa sua busca. – William... Aguarde-me. Não posso te perder.

E percorrendo os olhos pelos passageiros que aguardavam o embarque, Vanessa continuou, aflita:

– William, meu amor...

Mais uns minutos de desespero, ansiedade e finalmente ela avistou o apresentador.

– William – seu coração palpitou.

Estava esbaforida quando o alcançou.

– William – chamou ela quase sem voz.

O sujeito parou e se voltou para ela, olhando curiosamente para seu rosto cansado.

– Oi?

O sujeito era extremamente parecido com o âncora da TV, mas não era ele.

– Pensei que fosse o William da TV – explicou Vanessa com evidente desapontamento. – O apresentador do Jornal Nacional.

– Infelizmente não sou.

– Mas se parece muito com ele.

– Obrigado. De qualquer modo, trabalho com TV.

– Jura?! – os olhos de Vanessa brilharam. – Em qual delas?

– Com todas.

– Todas?!

– Sim. Conserto qualquer uma. Como lhe disse, trabalho com TV. Arrumando todas que pifam.

– Ah, sim, lógico. O que seriamos de nós sem os técnicos de TV?

– Pois é.

E um novo sorriso despontou na face de ambos.

– Posso lhe pedir um favor.

– Pode, claro.

– Você poderia dizer "Boa noite"?

O cara fez uma careta, consultou seu relógio de pulso e disse:

– Mas ainda é uma da tarde!

– Eu sei. Mas é que eu sempre desejei ouvir o William dizer, pessoalmente para mim, "Boa noite".

Vanessa sequer ficou vermelha diante do pedido.

– Sério?

– Sim.

O sujeito achou graça.

– Bem, vou tentar: Boa noite.

– Diga: Boa noite, Vanessa – pediu ela rapidamente.

– Ah, sim. Boa noite... Vanessa.

Ela sorriu enquanto o sujeito não sabia dizer qual dos dois

era o mais tolo naquilo tudo. Ele, por ter atendido ao pedido ridículo daquela que o abordara de súbito ou ele mesmo, por se prestar àquele papel.

– Obrigada.

Só então ela se lembrou do voo, mais uns segundos de distração e era bem capaz de perdê-lo.

– Adeus!

Nem bem ela lhe deu as costas, o sujeito a chamou:

– Espere!

Vanessa rapidamente parou, voltou-se para ele e respondeu:

– Eu realmente preciso ir.

– Você não é...

Ela não lhe deu tempo de falar, correu de volta para o check-in, estabanada como sempre. Meia hora depois, o avião já flutuava pelo céu e Vanessa se lembrava, com carinho, do que acontecera no aeroporto. Se tivesse sido realmente o William Bonner quem ela encontrara pessoalmente no aeroporto de Lisboa, a viagem à Europa teria se encerrado com chave de ouro. Teria sido um ponto a mais em tudo aquilo. Mas um dia ela ainda haveria de conhecer William pessoalmente. Nem que para isso ela tivesse de invadir o Projac.

Capítulo 20

De volta a sua cidade, Vanessa contou para Arlete, com grande alegria, detalhes da viagem enquanto lhe mostrava as fotos que tinha tirado por lá. Contou-lhe também do cômico episódio: ela correndo atrás do sujeito que pensou ser William Bonner. Ambas riram, a ponto de lacrimejarem.

– Não foi dessa vez, Arlete – afirmou Vanessa minutos depois. – Mas um dia eu chego até ele.

Arlete voltou a rir só de imaginar a cena.

Foi quando Vanessa se despedia da amiga, em frente a sua casa, que ela prestou melhor atenção na casa maravilhosa que havia sido construída do outro lado da rua, cujos moradores haviam se mudado enquanto ela estivera por quase dois meses na Europa.

– Não! – exclamou Vanessa ao avistar a dona do local.

– Não! – ecoou Thaís Albuquerque ao ver a ex-grande amiga do outro lado da rua. – Não pode ser.

Ambas mal podiam acreditar que seriam vizinhas. Thaís atravessou a rua, encarando Vanessa com seu olhar superior e arrogante.

– Isso não pode estar acontecendo. Não é justo.

– Pois lhe digo o mesmo. Com tantas casas para eu comprar, tinha de ser uma na mesma rua que a sua, quase em frente? Que horror!

– Horror, digo eu. Mas isso não vai ficar assim. Vou fazê-la se mudar daqui o mais rápido possível.

– Como?

– Meu marido tem dinheiro, com dinheiro se pode tudo.

– Mesmo?

– Pode crer.

– Talvez.

– Incrível. Quanto mais se quer fugir do diabo, mais ele aparece.

– Pois eu lhe digo o mesmo.

– Até parece praga. Um carma.

– Pois é – desafiou-lhe Vanessa sem esmorecer.

As duas continuaram se enfrentando pelo olhar. Furiosamente. Nenhuma daria o braço a torcer.

– Pois eu lhe digo – afirmou Thaís furiosa. – Você não fica morando nessa rua por mais de um mês. Você verá.

– Veremos.

Quando Thaís se afastou para voltar a sua casa, atravessou a rua. Fez sem olhar para trás. Um carro dirigido por um adolescente embriagado vinha com tudo por aquela rua e a teria atropelado em cheio se Vanessa não a tivesse agarrado pelo punho e a puxado para o lado oposto. O susto foi tão grande que demorou para Thaís perceber o que realmente havia acontecido.

Ouviu-se então uma freada brusca e um estardalhaço. O jovem motorista embriagado perdera o controle sobre a direção e acertara um poste com tudo. Vanessa e Thaís se entreolharam, chocadas.

Naquele momento, ambas se lembraram de um conselho muito sábio que ouviram desde meninas. Nunca se volte contra ninguém, pois jamais se sabe quando irá precisar dessa pessoa. Pelo visto, aquilo era tão certo quanto o conselho que diz: se for dirigir, não beba.

Vanessa foi convidada para a festa de lançamento do novo DVD da dupla Leonardo Veloso e João Gil. Muita gente achou que ela não iria, por causa das desavenças entre ela e Leonardo, mas que nada, isso era coisa do passado, ambos haviam feito as pazes. Por isso, Vanessa compareceu à festa no Copacana Palace, linda, trajando um vestido deslumbrante que chamou a atenção de muitos. Ali, tirou fotos e respondeu a muitas perguntas de repórteres, até mesmo de Amaury Jr.

Em meio a festa, Vanessa foi abordada por um escritor que estava disposto a transformar em livro, a intenção de se vingar de seus ex-namorados. Vanessa adorou a ideia. Ao ser publicado, o livro logo se tornou um grande sucesso. Foi então que um diretor e produtor, sensação do momento, decidiu transformar a história de Vanessa em filme. Com isso, a moça foi convidada para participar de diversos programas de TV, o que lhe possibilitou finalmente realizar seu maior sonho.

Andava pelos corredores do Projac, quando colidiu, sem querer com o homem dos seus sonhos.

– William! – exclamou boquiaberta. – Mal posso acreditar.

Ele abriu um sorriso simpático para ela.

– Olá.

– Olá, não, meu querido – corrigiu Vanessa rapidamente.

– Diga um boa-noite. Boa noite, Vanessa.

O sujeito achou graça e por alguns segundos achou que a mulher a sua frente estava caçoando dele.

– Você não sabe o quanto eu sonhei com isso – completou Vanessa, se sentindo nas nuvens.

O apresentador fez uma careta engraçada e disse:

– Boa noite... Vanessa.

E Vanessa Palomino simplesmente desmaiou em seus braços.

Epílogo

Bem, o final desta história é bem simples. Vanessa Palomino finalmente encontrou um novo amor. Dessa vez foi pela internet. Seu nome era Roberto Carlos, homenagem que a mãe fizera por causa do cantor de quem era muito fã. Ele também buscava um novo amor, depois de um casamento que não dera certo. Há tempos que já vinham se comunicando e combinando de se encontrarem. A princípio, trocaram muitas mensagens pela rede social, depois, trocaram números de celular e passaram a conversar constantemente.

Antes, porém, de se encontrarem pessoalmente, o sujeito fez questão de deixar bem claro para Vanessa que era um homem muito humilde, dono de uma quitanda numa cidadezinha chamada "Comunidade do Cinco", localizada no estado do Paraná, próximo do Rio Paranapanema.

Vanessa não se importou com esse detalhe, mesmo porque, nunca se apaixonara por um namorado por conta de sua conta bancária ou pelas posses de seus familiares. O que importava mesmo para Vanessa, era o fato de ela achar Roberto bonito e atraente, ainda que somente por fotos, além de seu papo ser muito bom. Compartilhavam muitos valores semelhantes.

Roberto não tinha carro, por isso foi até Araraquara de ônibus. Vanessa foi apanhá-lo na rodoviária. Cara a cara, ambos confirmaram o que já imaginavam: haviam mesmo nascido um para o outro. O fim de semana, lado a lado, também confirmou o fato. Eles estavam apaixonados.

Durante três meses, Roberto foi passar o fim de semana

com Vanessa em Araraquara. Não havia mais dúvidas, ambos haviam mesmo nascido um para o outro. Chegou o dia, então, que o sujeito pediu Vanessa em casamento.

– Você fala sério? – perguntou ela já sentindo a emoção bater forte no coração.

– Falo sim, Vanessa. Você é mesmo o amor da minha vida, disso não tenho dúvidas. Você aceita se casar comigo?

– Se eu aceito? É lógico que sim. É o que eu mais quero.

E ela o abraçou e o beijou, feliz por finalmente ter ouvido a proposta que sempre achara que merecia ouvir.

– Mas se casando comigo, Vanessa, você teria de abrir mão do seu emprego. Pois preciso continuar morando na minha cidade.

– Eu abro mão, por que não?

Roberto fez questão de lembrá-la mais uma vez:

– Não se esqueça, Vanessa, de que sou um homem muito humilde. Minha casa, assim como minha vida, não tem luxo algum. Sou pobre, contudo, ao menos, tenho uma casa para me abrigar e uma quitanda para trabalhar. Tem certeza de que você quer essa vida?

– Ao seu lado, até mesmo numa ilha deserta eu viveria. Além do mais, eu tenho esta casa, posso vendê-la no futuro para construirmos uma melhor para morarmos ou pô-la para alugar e, com o dinheiro do aluguel, vivermos mais fartamente.

– Se você acha que é uma boa ideia...

– É sim.

Vanessa falava com o coração.

Nova pausa, novo beijo e Vanessa acrescentou:

– Eu gostaria muito que o nosso casamento fosse aqui na minha cidade, por causa dos meus amigos e parentes. Mas se você preferir se casar na sua cidade, podemos fazer o casamento no cartório de lá e a cerimônia da igreja aqui. Eu arco com as despesas, não se preocupe.

Roberto Carlos não se importou:

– Podemos nos casar aqui, sim, meu amor. Não sou de muitos amigos, portanto...

Novamente ela o beijou e falou, empolgada:

– Faço questão de entrar na igreja usando um lindo vestido de noiva. O mais lindo. É um sonho de menina. Mal vejo a hora de isso acontecer.

– Tenho algumas economias. Posso ajudá-la com as despesas.

– Não acho justo, meu amor. As economias são suas. Guardou com tanto sacrifício!

– Está bem. Mas se você precisar que eu a ajude a pagar alguma despesa, me fale. Não tenho muito, mas...

– Não se preocupe, acho que dou conta sozinha.

Os dois novamente se abraçam e se beijaram.

O próximo passo de Vanessa foi procurar um dos melhores ateliês de costura, a fim de desenhar seu vestido de noiva. O estilista escolhido morava em São José do Rio Preto. E ele logo lhe sugeriu uma ideia que a agradou muito. O vestido ficaria caro, mas valeria a pena. Era a realização de um sonho. Talvez, seu maior sonho.

Às vésperas do casamento, Roberto Carlos ligou dizendo que só poderia chegar à cidade no dia exato da cerimônia, tivera um imprevisto, depois lhe explicaria. Vanessa não deixou de ficar preocupada com a situação, vai que outro imprevisto acontecesse e o impossibilitasse de comparecer ao casamento dos dois. Foi preciso tomar umas gotas de Maracugina.

Para acalmar a amiga, Arlete Meneses foi para sua casa, onde lhe faria companhia até a hora de seguirem para a igreja.

– Eu não poderia deixar de vir, minha querida! – falou Arlete, abraçando Vanessa com carinho.

– Hoje é um dia tão especial para mim, Arlete. Tão especial!

Vanessa chorou e a amiga logo a amparou em seus braços.

– Vai dar tudo certo, não se preocupe.

Vanessa assentiu e tratou logo de enxugar as lágrimas num lenço.

– Quem irá fazer sua maquiagem? – quis saber Arlete em seguida.

– O próprio estilista tem um maquiador. Está vindo com ele e com o vestido.

Consultando o relógio de pulso, Arlete questionou:

– Eles já deveriam estar aqui, não acha?

– Sim. Estão atrasados.

– Devem estar chegando. Não se preocupe.

Mas os minutos foram passando e logo se transformaram em horas.

– Meu Deus! – exclamou Vanessa mais uma vez. – Onde eles estão? O casamento é daqui a duas horas. Será que aconteceu alguma coisa?

– Vira essa boca para lá. Vamos manter a fé.

– Ligo no celular dele e nada, só dá caixa postal. Ou fora de área.

– Porque certamente estão na estrada.

– Pode ser.

Ambas tentaram manter o otimismo. Mais uma hora e nada do estilista aparecer. Vanessa tentava incansavelmente ligar para o celular do rapaz, mas o aparelho continuava fora de área.

– Temos de pensar numa alternativa – sugeriu Arlete querendo muito ajudar.

– Que alternativa, Arlete? Aonde vou encontrar um vestido de noiva a uma hora dessas?

– Por isso que sugeri uma alternativa, minha querida. Você terá de usar um vestido comum.

– Jamais!

– É a única solução, Vanessa. Se você quer realmente se casar com o Roberto, hoje, terá de optar por essa alternativa.

– Os convidados vão rir de mim ao me ver entrando na igreja sem um vestido apropriado.

– O que há de se fazer?

Nisso, o celular tocou. Era Roberto Carlos, querendo saber se estava tudo bem. Ao tentar se explicar, Vanessa despencou a chorar. Foi preciso Arlete tomar o celular da mão da amiga para explicar ao noivo o que estava acontecendo.

– Arlete, diga a Vanessa para vir exatamente como você

sugeriu. Mais importante que um vestido de casamento é o próprio casamento. Estou aguardando por ela.

Arlete assentiu. Voltou-se para a amiga e lhe transmitiu o recado.

– Agora, acalme-se.

– Sim – concordou ela enxugando as lágrimas. – Pelo menos, o noivo vai estar presente. Um receio a menos.

– É isso aí. Agora venha, sente-se aqui, vou maquiar você.

Faltavam vinte minutos para as quatro da tarde, quando Arlete terminou a maquiagem e pediu a amiga que escolhesse um dos vestidos que dispunha em seu guarda-roupa. Por fim, Vanessa optou por um clarinho, o mais veraneio de todos. Ao mirar-se no espelho, Arlete a preveniu:

– Não chore, por favor. Vai borrar a maquiagem.

Vanessa se segurou.

Ao chegarem na frente da casa, o marido de Arlete aguardava pelas duas. Ele se dispusera a levar a noiva de carro até a igreja.

– Precisamos ir – falou o sujeito, preocupado com a hora.

– Eu sei – respondeu Vanessa, lançando mais uma vez o olhar para a rua na esperança de que o estilista e sua equipe chegassem com o vestido de noiva. Visto que aquilo não aconteceria, ela entrou no veículo que partiu sem demora.

Diante da igreja escolhida para realizar seu enlace matrimonial, Vanessa teve de encarar a realidade. Haveria mesmo de se casar, sem usar um vestido de noiva como tanto sonhara. O casamento já estava atrasado meia hora, não havia mais o que esperar.

Arlete falou:

– Vamos, minha amiga. Coragem!

– Será que o Roberto está aí mesmo? Aguardando por mim?

– Acredito que sim.

Vanessa confiou no sim e procurou sorrir. Desceu do carro, endireitou os ombros, a postura, ergueu a cabeça e sorriu para seu destino. Ao sinal de Arlete, a marcha nupcial começou a tocar e Vanessa seguiu em direção ao altar, sozinha, exuberante e feliz por ver seu amor logo no fim do corredor, aguardando por ela.

Os poucos convidados olhavam surpresos para ela, vestida daquela forma, só foram entender o que havia acontecido, depois, quando ela mesma explicou para todos o que houve.

Diante de Roberto Carlos, ambos sorriram um para o outro e ele perguntou, baixinho, no seu ouvido:

– Você achou que eu não viria?

Ela foi sincera:

– Olha, depois de tantas que eu já passei... Bateu uma dúvida, sim.

Ele riu e a beijou na testa.

– Está feliz por estar se casando comigo? – ele quis saber.

A resposta dela foi pelos olhos, que brilharam, e pelo sorriso, que cobriu seu rosto de ponta a ponta.

– É o que importa, meu amor.

Ambos então se viraram para o padre que deu início à cerimônia.

Na hora de o casal pôr a aliança, tocou Ave-Maria de Schubert, um momento emocionante para todos os presentes.

Depois do sim, do "eu aceito me casar, de livre e espontânea vontade, até que a morte nos separe", o casal deixou a igreja para receber os convidados numa festa simples, num bufê ali próximo. Vanessa estava realizada, há muito que não se sentia tão feliz.

Ao sair da igreja, Vanessa avistou o estilista com sua equipe e as caixas com o vestido na mão. O profissional estava branco. Tudo o que conseguiu dizer foi:

– Nós fomos detidos pela polícia, o carro estava com o IPVA vencido. Expliquei a eles a minha urgência em chegar aqui, mas eles não tiveram compaixão.

– E o celular?

– Acabou a bateria. E quando tinha não pegava, não havia sinal. Eu sinto muito. Mesmo.

Vanessa não sabia exatamente se aquilo era verdade, mas preferiu acreditar, para evitar mais aborrecimentos em torno daquilo.

– Se você quiser pôr o vestido... Ainda há tempo de tirar

fotos na igreja com ele.

Vanessa gostou da ideia.

– Sim. Ótima ideia. Chegaremos atrasados na festa, mas, tudo bem.

Foi na sacristia que Vanessa finalmente colocou o vestido que tanto sonhara usar e pôde tirar fotos no altar ao lado de Roberto Carlos.

– Agora sim – afirmou ela, contendo-se para não chorar. – Está perfeito.

Sem mais delongas, o casal seguiu para a festa que foi uma alegria só. Os noivos dançaram em meio aos convidados, fizeram um karaokê. Foi um momento inesquecível.

Nesse meio tempo, uma colega de trabalho achegou-se a Arlete e cochichou em seu ouvido:

– Coitada da Vanessa. Essa aí não teve sorte mesmo. Além de ter sido passada para trás por quatro namorados, acabou se casando com um pobretão, sem eira nem beira.

– Ela o ama.

– E desde quando amor enche barriga, Arlete? O pior é que ela está se desligando da prefeitura. Onde já se viu perder um emprego desses, garantido? Só mesmo uma louca faria isso.

– Sim. Uma louca de amor.

A mulher fez uma careta desdenhosa e completou:

– E tem mais, a Vanessa nunca esteve na casa desse sujeito. Tampouco conheceu a família dele. Pode ser um cafajeste.

– Mas eles se conversam já faz quase um ano. Se conhecem há pelo menos seis meses.

– Mesmo assim.

Naquele instante, Arlete também ficou preocupada. Nada comentou com a colega, mas agora, pensando melhor sobre a história de Vanessa e Roberto Carlos, Vanessa realmente deveria ter procurado saber mais a fundo sobre a vida e a família de Roberto. Contudo, se havia algo de errado em torno dele, já era tarde demais para saber. Fosse o que fosse, deixaria Vanessa arrasada. Tomara que Roberto Carlos fosse realmente o cara e tanto que aparentava ser.

Depois da festa, o casal seguiu para a casa de Vanessa onde passariam a noite de núpcias. Somente dois dias depois é que o casal tomou a caminhonete que Roberto Carlos havia emprestado de um amigo, para ir buscar sua futura esposa. Pela estrada, foram rindo, cantando, com o rádio, as canções mais sertanejas da atualidade. Para Vanessa, aquilo estava sendo uma aventura.

Só nesse momento é que ela percebeu que seus ex-namorados foram, na verdade, pontes para que ela chegasse até Roberto Carlos. Não havia mais rancor, nem mágoa, restara apenas amor e a vontade de fazer do seu dia a dia, o melhor de uma vida a dois.

Ao chegarem à Comunidade do Cinco, a caminhonete atravessou a cidade e tomou uma estrada de terra que, devido à seca, levantou um poeirão.

– Onde estamos indo? – indagou Vanessa enviesando o cenho. – Pensei que você morasse na cidade.

– Não moro.

– Mas você me disse que morava.

– Eu menti.

Ela sinceramente pensou que ele estivesse brincando.

– Falo sério – afirmou ele sorrindo lindamente. – Moro perto da cidade, mas não dentro dela.

– Deveria ter me dito. Não vai me dizer que achou que eu não aceitaria me casar com você, se morasse num sítio?

– Hummmm – ele riu. – Estamos chegando.

– Que poeirão, hein?

– É falta de chuva. Os agricultores estão precisando de água. Urgentemente.

– Imagino.

Mais alguns quilômetros e o veículo passou por uma porteira. No topo dela estava escrito "Fazenda Santa Clara".

– Santa Clara?! Que lugar bonito.

– Sim.

E logo se pôde avistar o belo leito de rio que atravessava aquelas terras e, mais à frente, a sede da fazenda, um casarão lindo e moderno, cercado de árvores com copas lindíssimas.

– Que lugar maravilhoso – exclamou Vanessa.

– Achei mesmo que você iria gostar.

Quando a caminhonete estacionou em frente à belíssima morada, Roberto abriu a porta para Vanessa e a ajudou a descer. Ela ainda olhava para tudo um tanto atordoada.

– Roberto, que lugar é esse, afinal?

Ele, com grande satisfação, respondeu:

– Nossa casa, meu amor.

O rosto dela se tornou sério.

– Como assim, nossa casa?

Nisso, o caseiro se aproximou para dar as boas-vindas ao patrão.

– Afrânio, Laurinda, quero lhes apresentar a minha esposa.

– Mas que belezura de mulher, patrão – falou o homem com simpatia.

– Seja muito bem-vinda, *fia* – acrescentou a mulher.

Vanessa, não entendendo nada, voltou-se para o marido e perguntou, seriamente:

– Roberto, você pode me explicar o que está acontecendo aqui?

Ele rapidamente atendeu ao seu pedido:

– É tudo tão simples, Vanessa – ele riu. – Não sou tão pobre como lhe disse. Na verdade, sou um sujeito que teve a sorte de prosperar muito na vida. Toda essa fazenda é minha. São trezentos alqueires de terra, e mais duzentos espalhados por aí.

Vanessa custava a acreditar naquilo.

– Você só pode estar brincando comigo.

Ele, um tanto sem graça, falou:

– É verdade. Só não contei antes porque eu queria que você se apaixonasse por mim, pelo que sou e não pelo que tenho. As garotas com quem me envolvi antes, deslumbravam-se com o que possuo e não comigo, o que descobri a duras penas. Então eu decidi buscar uma mulher de outro lugar, que nada sabia sobre mim, para que eu pudesse ter a certeza de que ela amasse a mim e não as minhas posses. Compreende?

– Acho que sim.

– Perdão, por ter mentido.

Vanessa estava branca. Jamais poderia pensar que aquilo realmente estivesse acontecendo.

– Venha – disse ele puxando-a pelo braço. – Quero que conheça a casa. A nossa casa.

E ela se deixou ser levada por ele e pelo seu amor e sua dedicação e tudo mais que a vida poderia lhes dar. Ela realmente não se importava com o dinheiro dele, casara-se por amor e que o amor lhes protegesse sempre.

Comentou-se na cidade que o fato de o vestido de noiva não ter chegado a tempo para o casamento foi obra do destino, em razão das maldades que Vanessa fizera para se vingar de seus ex-namorados e de sua ex-grande amiga. Pois como diz o ditado: "Tudo o que se faz, um dia volta para você!". Teria sido mesmo o destino? Quem saberia dizer?

A única certeza que se teve foi a mesma que Vanessa descobriu, através do seu amadurecimento. Que a vida nos recebe todos os dias, perguntando:

Pelo que vale a pena viver hoje?

Pelo rancor ou pelo perdão?

Pela mágoa ou pela superação?

Pela ignorância ou pela inteligência que está em nosso coração, vem da alma e espera apenas nos servirmos dela?

Por Deus ou pelas trevas?

Pelo bom senso ou pela falta de juízo?

Pelo que vale a pena viver hoje?

Suas escolhas determinarão sua vida de hoje e sempre!

Que você escolha o melhor, sempre o melhor, e o mais sensato.

Sobre o autor

Américo Simões Garrido é um dos autores brasileiros de maior sucesso da atualidade. Com 47 romances e 56 obras infanto-juvenis já publicadas, ele vem conquistando leitores de todas as idades pelo Brasil e exterior. Seus livros falam de vida real, amor e libertação do ser para uma vida melhor, inpirando o leitor a curar feridas, evoluir como pessoa e espiritualmente.

Se você gostou desse romance, também vai adorar ler:
"Só o coração pode entender"
"A solidão do espinho"
"A outra face do amor"
"Por entre as flores do perdão"
"O amante cigano"
"Amando em silêncio"
"Dívidas de amor"
"Sem você é só saudade", dentre outros.
Boa leitura!

OBRAS DO AUTOR

A ETERNIDADE DAS PAIXÕES
AMANDO EM SILÊNCIO
AS APARÊNCIAS ENGANAM
A OUTRA FACE DO AMOR
A VIDA SEMPRE CONTINUA
A SOLIDÃO DO ESPINHO
A LÁGRIMA NÃO É SÓ DE QUEM CHORA
AS PAZES COMIGO FAREI
DÍVIDAS DE AMOR
DEUS NUNCA NOS DEIXA SÓS
DEPOIS DE TUDO, SER FELIZ
E O AMOR RESISTIU AO TEMPO
ENTRE O MEDO E O DESEJO
FALSO BRILHANTE, DIAMANTE VERDADEIRO
HORA DE RECOMEÇAR
MULHERES FÊNIX
NENHUM AMOR É EM VÃO
NEM QUE O MUNDO CAIA SOBRE MIM
NINGUÉM DESVIA O DESTINO
O QUE RESTOU DE NÓS DOIS
O AMIGO QUE VEIO DAS ESTRELAS
O DOCE AMARGO DA INVEJA
O AMOR TUDO SUPORTA?
O LADO OCULTO DAS PAIXÕES
PAIXÃO NÃO SE APAGA COM A DOR
POR ENTRE AS FLORES DO PERDÃO
POR UM BEIJO ETERNO
POR AMOR, SOMOS MAIS FORTES
PAIXÕES QUE FEREM
QUANDO É INVERNO EM NOSSO CORAÇÃO

QUANDO O CORAÇÃO ESCOLHE
QUEM EU TANTO AMEI
SE NÃO AMÁSSEMOS TANTO ASSIM
SEM VOCÊ, É SÓ SAUDADE
SEM AMOR EU NADA SERIA
SÓ O CORAÇÃO PODE ENTENDER
SUAS VERDADES O TEMPO NÃO APAGA
SOLIDÃO, NUNCA MAIS
VIDAS QUE NOS COMPLETAM
CASTELOS DE AREIA
O AMANTE CIGANO
SEGREDOS
DEPOIS DE TER VOCÊ
PAI HERÓI
VOCÊ NÃO SOUBE ME AMAR
O NOSSO AMOR DE ONTEM
DEPOIS DE TER VOCÊ
O MILAGRE DE NOSSA SENHORA APARECIDA
GATOS MUITO GATOS
AMOR INCONDICIONAL

Dentre outros

Para adquirir os livros da Editora Barbara,
visite o site:

www.barbaraeditora.com.br
E-mail: editorabarbara@gmail.com

Contato c/ o autor:
Facebook: Américo Simões - romances
Instagram: americo_simoes_escritor
Youtube: Américo Simões - autor